Ursula E. Benad
Hilde-Josephine Post
**Dekorative Malerei**

Die Deutsche Bibliothek –
CIP-Einheitsaufnahme

**Dekorative Malerei/** Ursula E. Benad;
Hilde-Josephine Post. – Orig.-Ausg. –
Ravensburg: Ravensburger Buchverl., 1998
(Ravensburger Hobby: Kreatives Gestalten)
ISBN 3-473-42529-X


Umschlagkonzeption:
Kraxenberger Kommunikation, München
Umschlaggestaltung: Ekkehard Drechsel BDG
Umschlagfoto: Konstantin Tschovikov
Fotos: Konstantin Tschovikov,
außer Seite 6 und 18: ZEFA, Düsseldorf
Zeichnungen: Ursula E. Benad
Gesamtherstellung: Himmer, Augsburg
Printed in Germany

Die Schreibweise entspricht den Regeln der neuen Rechtschreibung.

98 99 00 01 4 3 2 1

ISBN 3-473-42529-X

Ursula E. Benad
Hilde-Josephine Post

# Dekorative Malerei

Ravensburger Buchverlag

# Inhalt

# Wandmalerei bereits uralt

1940 entdeckten Kinder beim Spielen eine Höhle, die mit Tieren ausgemalt war. Es war die Höhle von Lascaux in Frankreich, die heute zu den bedeutendsten Funden der Wandmalerei zählt. Bereits vor 20 000 Jahren verzierten also Menschen ihre ersten Wohnstätten mit Farben und Bildern. „Hier beginnt sich der Mensch durch den Geist mitzuteilen", vermutete der französische Schriftsteller Georges Bataille und bezeichnete den schöpferischen Augenblick der Höhlenmalerei als die Geburt der Kunst schlechthin. Mit die ältesten (3000 Jahre alt) und am besten erhalten gebliebenen Wandmalereien, lassen sich in Ägypten bewundern.
Auch Italien gilt als Schlaraffenland für Liebhaber dekorativer Malereien. Die einst vom Vesuv verschüttete und wieder ausgegrabene Stadt Pompeji legt Zeugnis ab über die mit farbenprächtigen mythologischen Motiven verzierten Häuser und Wohnungen der Menschen, die einige Jahrhunderte v. Chr. lebten.
Italien ist auch bekannt für seine Fresko-Malerei, bei der die Farbe auf den frischen Kalkmörtel aufgetragen wird. In Ausmaß und Verbreitung galt sie als wichtigste Kunstform des 14. Jahrhunderts, die der Maler Giotto stark wiederbelebte.
Später waren Tapeten als Wandschmuck für das einfache Volk meist zu teuer. Dies war auch mit ein Grund, warum sich Wandmalereien in Europa verbreitet haben. Aus ihrer Tradition heraus pflegten innerhalb Europas die Engländer die antiken Maltechniken am meisten. So findet man in englischen Treppenhäusern und Privatwohnungen auch heute sehr fantasiereiche Wandgestaltungen.
In Deutschland fielen die dekorativen Malertechniken modernen Renovierungen zum Opfer. Auch ging leider viel Wissen um Techniken und Methoden, vor allem darüber, den Farben über Jahrtausende hinweg ihre Leuchtkraft zu bewahren, verloren. Es gibt in Deutschland kaum noch Ausbildungsplätze zum Erlernen antiker Wandmalerei, außer bei einigen Kirchenmalern, die sich damit beschäftigen. Auch Kunsthochschulen oder Studiengänge für Textil- und Wandgestaltung lehren dieses Kunsthandwerk nicht mehr.

## Mut zur Farbe

Heutzutage ist Wandmalerei überall wieder ganz stark im Kommen, denn viele haben die weißen Wände einfach satt, die eine Wohnung oft kalt, langweilig und unpersönlich wirken lassen. Geht es Ihnen nicht auch so? Farben besitzen Zauberkräfte. Sie können beleben oder beruhigen, wärmen oder kühlen, tarnen oder in den Mittelpunkt rücken, optisch vergrößern oder verkleinern. Jeder kennt den Spruch: „Kleider machen Leute." Analog könnte man hier sagen: „Farben machen Räume." Es gibt unzählige Möglichkeiten der dekorativen Gestaltung, angefangen von der einfachen Farblasur, über Pinselstrichtechniken, Schablonen- und Mosaiktechnik bis hin zur Illusionsmalerei. Eine goldockerfarbene Lasur kann beispielsweise jedes Nordzimmer in ein warmes, lebendiges Gewand kleiden, schafft angenehme Atmosphäre und gibt dem Zimmer eine neue Identität. Eine Londoner Hausfrau z. B. hält sich nun wieder viel lieber in der Küche auf, seitdem an der Decke ein blauer Himmel strahlt und Zirruswölkchen vorüberziehen. In der Diele einer Münchner Wohnung purzeln Mosaiksteinchen die Wände hinunter und verbreiten Heiterkeit, sobald man eintritt, und eine andere Familie muss beim Essen nicht mehr auf die kahle weiße Wand blicken.
So mancher Gast ließ sich schon von der römischen Veranda mit plätscherndem Springbrunnen und Fernblick auf eine toskanische Landschaft täuschen, die als Illusionsmalerei das Esszimmer ziert und es gleichzeitig optisch vergrößert. Auch unmoderne Möbelstücke lassen sich beispielsweise durch Antiquieren geradezu in Schmuckstücke verwandeln. Selbst hässliche dunkle rustikale Bäder können durch Übermalen der Fliesen in leuchtende Marmorpaläste verzaubert werden. Unter wirtschaftlichen Aspekten gesehen ist Farbe zudem viel preiswerter als z. B. Tapeten oder eine neue Befliesung. Die Wände lassen sich noch dazu viel individueller und facettenreicher gestalten.
Wir möchten Ihnen mit diesem Buch Anregungen geben, wie Sie mit einfachen, preiswerten und vor allem auch gesunden, natürlichen Farben wundervolle Effekte erzielen können. Das Schöne dabei ist, jeder kann sich den Zaubermantel umhängen und das eigene Heim seinen Vorstellungen entsprechend gestalten, selbst Menschen ohne künstlerische Ambitionen, und jeder hat dabei eine andere Handschrift und bekommt etwas Einmaliges. Lassen Sie sich also von unserem Buch inspirieren, ein gemütliches Nest, eine ausgefallene Wohnung oder gar einen prunkvollen italienischen Palazzo zu schaffen, in dem Sie sich wohl fühlen und erholen können. Das Einzige, was Sie mitbringen sollten, ist „Mut zur Farbe".

# Auf den richtigen Farbton kommt es an

**Wie Farben wirken**

Haben Sie sich eigentlich schon einmal gefragt, wie viele Farben ein Regenbogen malt? Ein Deutscher antwortet meist sechs, ein Amerikaner sagt sieben, und für jemanden aus Asien besitzt er unendlich viele Farben. Wer hat denn nun Recht? Farben wahrnehmen ist sehr subjektiv. Farbempfindungen hängen von den persönlichen Vorlieben, aber auch von der Kultur ab, in der Sie aufwachsen und leben, und letztendlich auch von der Stimmung, die Sie gerade beherrscht. Wie ein Raum am besten farblich gestaltet werden sollte, ist nicht wirklich zu lehren, da jeder anders empfindet. Aber es gibt bei der Farbgestaltung gewisse Grundregeln, die wissenswert sind, weil sie vieles erleichtern.

So unterscheiden Farbexperten die *Primärfarben:* Rot, Blau, Gelb, aus denen alle anderen Farben hergestellt werden können. Mischen Sie die Farbe mit einer anderen Primärfarbe, so ensteht eine *Sekundärfarbe.* Gelb und Blau ergeben z. B. Grün. Durch das Mischen zweier Sekundärfarben bildet sich eine *Tertiärfarbe,* z. B. Violett und Orange verschmelzen zu Rostbraun. *Komplementärfarben* liegen sich im Farbkreis (diametral) gegenüber, wie etwa Orange und Blau. Mischen Sie beide, so heben sich diese Farben bei gleicher Menge gegenseitig auf. Es bleibt ein schmutziges Grau zurück. Bei ungleichen Mengen kön-

nen Sie auf diese Weise intensive Farben mildern.
Jeder weiß aber auch, dass eine Farbe heller wird, wenn man ihr Weiß beimengt oder sie einfach verdünnt (Wasser oder Terpentin). Sie bekommt einen anderen Farbwert (Farbstufe). So lässt sich ein sattes Rot z. B. in ein Zartrosé verwandeln. Als satt bezeichnen wir eine Farbe, die keine Weißanteile besitzt.
Aber auch mit Schwarz lässt sich eine Farbe abtönen. Hierbei sollten Sie allerdings Zurückhaltung üben, da die Farbtöne an den Wänden schnell zu dunkel oder gar schmutzig wirken.
Ein weiterer Begriff, der die Farbenwelt prägt, ist der Kontrast. Zwischen Schwarz und Weiß und zwischen denjenigen Farben, die sich im Farbkreis gegenüberliegen, ist er am stärksten. Je satter eine Farbe ist, umso kontrastreicher wirkt sie.
Auch Weiß ist nicht gleich Weiß. Unzählige Farbnuancen und Schattierungen lassen sich hier kreieren. Weiß kann kalt und steril wirken wie Titanweiß (hoher Blauanteil) oder geschmeidig und warm wie Kreideweiß oder gar Eierschalenweiß, Elfenbein, Perlweiß. Wenn Sie Weiß mit anderen Farben abtönen wollen, so reichen oft schon geringste Mengen der zweiten Farbe, um große Effekte zu erzielen. Beim Dosieren sollten Sie deshalb vorsichtig vorgehen, denn der Farbton kommt erst dann so richtig zur Geltung, wenn er auf großen Wandflächen aufgetragen ist.

Farbenmischen lässt sich am besten durch Experimentieren erlernen. Es empfiehlt sich erst einmal mit zwei oder drei verschiedenen Farben zu beginnen. Sie sollten sich immer ein wenig von der angemischten Farbe aufheben. Falls Sie zu wenig gemischt haben, können Sie dann den neu angerührten Farbton vergleichen.
Farbtöne lassen sich auch darin unterscheiden, ob sie Wärme oder Kälte ausstrahlen. Warme Farben enthalten viel Gelb oder Rot, kalte Farben mehr Blau. Grundsätzlich kann man jeder Farbe einen warmen oder coolen Touch verleihen. Es gibt z. B. Rottöne, wie Kirschrot, die Blau enthalten. Sie können sehr kalt wirken.

Farben können auch einen Raum optisch kleiner oder größer erscheinen lassen. Hell bemalte Wände suggerieren z. B. Weite. Deshalb sollten kleine Zimmer eher mit hellen Farben ausgemalt werden, Farben wie Blau, Dunkelgrün, Rot lassen Räume eher schrumpfen.
Der Effekt von mehr räumlicher Tiefe lässt sich auch dadurch erreichen, indem mehrere Lasurschichten übereinander gelegt werden. Die unterste Farbschicht sollte dabei heller sein als die darüber liegenden.
Farben unterliegen oft Modetrends. Bis vor zwei Jahren waren die gebrochenen Weißtöne bei der Wandbemalung die Favoriten. Zur Zeit sind Lachs-, Aprikot- und Sienatöne sehr beliebt.

**Psychologie der Farbe**

Grauer Alltag, rosarote Brille, goldene Worte – Farbe ist nicht nur ein optischer Reiz, sondern auch ein Symbolträger. Darüber hinaus hängt Farbe unmittelbar mit unseren Gefühlen und Stimmungen zusammen. Seit Goethes Farbenlehre gilt die Untersuchung der Farbwirkungen als wissenschaftliche Disziplin – die Zeiten, in denen Farbenpsychologie als Spinnerei abgetan wurde, sind vorbei. An der Universität Budapest wurden z. B. hunderttausende von Personen nach Farbvorlieben und Farbassoziationen befragt, um Architekten und Farbgestaltern verlässliche Grundlagen für die farbige Umweltplanung zu geben. Marketing-Experten in Deutschland spüren jeden Farbtrend auf und analysieren ihn im Hinblick auf seine wirtschaftliche Ausnutzung. Ein mittlerweile schon klassischer Versuch enthüllte die überraschende Erkenntnis, dass schwarze Kisten fast doppelt so schwer geschätzt werden als weiße. Weitere empirische Untersuchungen zeigen, dass orangerot gestrichene Räume bis zu vier Grad wärmer empfunden werden als blaue. Rosa, so wurde in amerikanischen Gefängnissen ermittelt, senkt die Gewaltbereitschaft, und mit Violett lässt sich der Appetit zügeln. Umgekehrt lässt Rot Blutdruck und Herzfrequenz steigen, und Orangetöne regen den Stoffwechsel an. Dennoch haben viele Menschen Angst vor Farben und streichen die Wohnung lieber weiß. Doch auch Weiß wirkt auf Leib, Seele und Geist des Menschen. Es ist weder vital noch kommunikativ und hat die Tendenz, intellektuelles Denken zu fördern. Als unbunte Farbe fehlt ihm die Möglichkeit der Verwandlung und Steigerung – dadurch wirkt es emotionslos und absolut.

*Martin Siebert,*
Farbberater in München

Pigmente sind der eigentliche Rohstoff einer Farbe, die bis zum 18. Jahrhundert ausschließlich aus natürlichen Substanzen, also aus feinen Erden gewonnen wurde. Heute stellen die Chemiekonzerne Farben in großer Vielfalt künstlich her. Eine Farbe setzt sich immer aus drei Komponenten zusammen, einem Farb-, Binde- und Lösungsmittel: Der Binder hat zum einen die Aufgabe, die Pigmentkörnchen untereinander zusammenzuhalten, und zum anderen, sie an die Wand zu heften. Das Lösungsmittel sorgt für die Streichfähigkeit und lässt die Farbe flüssiger werden. Die Pigmente liefern die Farbe.

Wir unterscheiden in diesem Buch synthetische Farben z. B. Acrylfarben auf Wasserbasis, natürliche Farben z. B. Kaseinfarben sowie Farben auf Ölbasis. Es existieren noch viele andere Farbtypen, auf die wir hier aber nicht alle eingehen können. Welche Farbgattung Sie wählen, hängt letztendlich davon ab, wo Sie sie anwenden möchten. In feuchten Räumen z. B. Bad und Küchenbereichen eignen sich Öl- oder Acrylfarben sehr gut. Doch diejenigen, die rein biologisch arbeiten möchten, können z. B. auch bei Kaseinfarben eine selbst angerührte Kaseinschutzschicht (Elefantenhaut) auflegen. Die synthetischen Farben sind generell robuster und lichtechter, was allerdings zu Lasten der Patina geht.

Ein wichtiges Entscheidungskriterium für natürliche Farben ist: Sie sind nicht gesundheitsschädlich. Bei künstlich hergestellten Farben weiß man das nie so genau.

Wie fängt man am besten an, einen Raum neu zu gestalten und die richtigen Farbtöne auszusuchen? Einen Raum gestalten heißt ein wohlausgewogenes Zusammenspiel von Elementen schaffen, die wiederum Kontraste ergeben.

Der Lichteinfluss in einem Raum ist ein wichtiges Kriterium bei der Auswahl der Farben. Schon gekaufte Gardinen oder teuere Möbel, die weiterhin den Raum schmücken sollen, können Sie einerseits bei der Auswahl der Farben etwas einengen, andererseits aber auch als Anhaltspunkt dienen.

Will man den Farbendschungel erkunden, so muss man sozusagen auf Expedition gehen. Deswegen ist es grundsätzlich zu empfehlen, sich Muster auf weißem Zeichenkarton anzulegen, die man dann jeweils an die entsprechenden Einrichtungsgegenstände hält und vergleicht, ob sie zusammenspielen. Beachten Sie aber: Auf großen Flächen wirkt eine Farbe oft ganz anders als auf kleinen Proben.

**Tipp:**
Fragen zur Raumgestaltung:
- Welche Lichteinflüsse sind gegeben? Bei Räumen auf der Nordseite sind grundsätzlich helle und warme Farben zu benutzen, bei Räumen auf der Südseite sind alle Farben möglich.
- Sollen architektonische Dinge hervorgehoben oder unschöne eher verdeckt werden?
- Ist der Raum klein oder groß? Wie ist die Raumhöhe? Bei kleinen Räumen sollten eher helle Farben benutzt werden. Bei hohen Räumen und viel Lichteinfall können aber auch dunkle Farben vorteilhaft sein.
- Gibt es Einrichtungsgegenstände (Möbel, Teppiche, Fußböden, Kacheln, Gardinen), die bei der Farbgebung berücksichtigt werden müssen?
- Welcher Stil soll verfolgt werden (klassisch, ländlich, modern … )?

## Gute Vorarbeit ist das A & O

Jeder Farbauftrag ist nur so gut wie sein Untergrund. Blättert der Putz, so hält darauf keine Farbe. Ein idealer Untergrund zum Bemalen ist trocken, sauber, glatt und tragfähig. Je mehr dieser vier Eigenschaften erfüllt sind, umso länger hält die Farbe und desto schöner, gleichmäßiger und exakter kann gearbeitet werden.
Deshalb sollte man die Vorarbeiten nicht scheuen und beispielsweise Unebenheiten entfernen, denn hier sammeln sich gerne Staub oder Farbpartikel an. Für die meisten dekorativen Malarbeiten sind glatte, ebene Wände am besten. Bei rauem, unebenem Wandputz lassen sich zwar auch ganz interessante Effekte erzielen, doch besonders bei glänzenden dekorativen Anstrichen treten Unebenheiten stark hervor.
Wichtig ist, dass die Saugfähigkeit einer Wandoberfläche nicht zu groß ist, sonst schluckt sie den Binder der aufgestrichenen Farbe und die Pigmente blättern ab oder die Wand kreidet. Bei unvorbehandelten Wänden sollte deshalb eine Grundierung aufgetragen werden. Hier empfiehlt sich Acrylbinder im Verhältnis 1:5 mit Wasser verdünnt. Damit Sie an der Wand besser erkennen, wo der Binder bereits aufgetragen wurde, sollten Sie ganz wenig von jener Farbe beimischen, die Sie später auflegen wollen.
Wandoberflächen, die fetten Dünsten oder Rauch ausgesetzt waren, sollte man vorher mit Wasser und einem milden Haushaltsreiniger abwaschen, damit sich die Fettschicht löst.
Die meisten dekorativen Maltechniken benötigen eine weiße Grundlage. Die aufgelegten transparenten Lasuren erhalten so eine wunderbare Leuchtkraft. Deshalb sollten die Wände oder Möbel mit der entsprechenden Farbgattung, die Sie gewählt haben, geweißt werden. Will man z. B. in Acryl arbeiten, sollte der Untergrund auch mit Acrylfarben Weiß gestrichen sein.
Wer die Oberfläche ganz glatt haben möchte, kann die Fläche mit Feinputz spachteln und nochmals mit feinem Schleifpapier abschmirgeln. Der Staub muss hinterher gut von der Wand abgesaugt werden.

**Wandtest:**
- Die Saugfähigkeit einer Wandoberfläche lässt sich ganz leicht testen, indem Sie Wasser dagegenspritzen. Laufen die Wassertropfen herunter und ziehen nur langsam ein, ist der Untergrund zum Streichen geeignet. Wird das Wasser dagegen schnell aufgesogen, sollte kräftig grundiert werden.
- Ob der Putz noch in gutem Zustand ist, lässt sich prüfen, indem Sie die Wand an verschiedenen Stellen einritzen und schauen, ob sie bröckelt. Mit einem Klebestreifen, den Sie wieder abziehen, lässt sich das auch testen. Bleibt Material hängen, dann ist die Wand in keinem guten Zustand.

**Weichhaarpinsel**
für freihändiges Malen – besonders für Acrylfarben geeignet

**Stupfbürste**
besitzt steife gleich lange Borsten und hinterlässt nadelfeine Punkte auf der Wandfläche

**Künstlerrundpinsel,**
meist aus Schweinsborsten, für Ölfarben gut geeignet

**Schablonenpinsel**
zum Aufstupfen der Farbe – besitzt steife gleich lange Borsten

**Feinmaserpinsel**
zum Malen von Holzstrukturen

**Eichhörnchenschlepper**
und andere Schlepper zum Malen von Adern

**Feder**
zum Malen der Adern bei Siena-Marmor

**Schlichter (Vertreiber), unverzichtbar für Maltechniken mit Öl. Ihn gibt es in preiswerter Version mit Schweinsborsten und als Luxusausführung mit Dachshaaren – macht Farbkonturen weicher**

**Schlagpinsel, für Schlagtechniken geeignet. Aus Pferdehaaren oder Synthetik**

**Flachpinsel, für Zugtechnik geeignet**

**Modler, spezieller Pinsel um Holzmaserungen herzustellen**

**Zugpinsel, vielseitig verwendbar**

**Flachpinsel verschiedener Breiten für Pinselstrich- und Zugtechnik, zum Kanten- und Eckenausmalen**

# Allerlei Nützliches

**Klebeband**
zum Abkleben von Streifen, um gerade Ränder zu erhalten oder Oberflächen zu schützen

**Plastikklebeband (Low-Tack-Tape)**
besitzt wenig Haftung – gut geeignet für bemalte Oberflächen und Spezialeffekte

**Farbschalen groß und klein**
zum Farbeentnehmen und zum Mischen von Farbmustern

**Schleifpapier**
in verschiedener Körnung

**Malerkrepp**
zum Abkleben von Rundungen

**Schaumgummischwamm**
zum Zuschneiden von Mosaiksteinchen

**Senklot**
zum Ziehen senkrechter Linien, z. B. bei Streifentechnik auf Raufasertapete

**Naturschwamm**
zum Auftragen und Wegnehmen der Farbe. Mit verschiedenen Strukturen erhältlich

**Abdecktuch oder Plastikfolie,**
Schutz für Möbel oder Fußboden

**Baumwolllappen**
zum feuchten Lappenrollen

**Meterstab,**
**nützlich bei: Schablonenarbeiten, Blockstreifen, Scheinarchitekturen u. a. m.**

**Verschiedene Schneidemesser und Schere zum Herstellen von Schablonen**

**Gummikamm**
**graduiert, die Zinken wachsen in der Breite**

**Maserstempel**
**aus Gummi für Moiré und Holzmaserung**

**Verschiedene Buntstifte**
**dünner Bleistift und Kreidestift**

**Wasserwaage**
**zum Ermittoln gorador Linion**

**Lineal oder T-Schiene**
**zum Zeichnen von Paneelen, Überprüfen rechter Winkel, zur Mosaikaufteilung, für Schablonenarbeiten; Material: Metall, Holz, Plastik**

Wandlasuren sind halbtransparente Farbschichten, die meistens mit einem Schwamm auf eine Wand aufgetragen werden.
Hier geht es um Lasuren mit Kasein-, Acryl-, und Ölfarben. Bevor Sie eine Wand bearbeiten, sollten Sie auf einem Zeichenkarton ein Farbmuster anlegen. Ein Stück Papier zu bemalen ist natürlich etwas ganz anderes, als eine riesige Wand zu dekorieren. Die erste Frage, die man sich stellt, wenn man vor der Wand steht: Wo beginne ich am besten und welche Vorarbeiten sind nötig?

**Vorarbeiten**

Fußleisten und eventuell die Decke abkleben. Steckdosen, Schalter abschrauben, Fußboden mit Folie abdecken.

**Sie starten von links oben, arbeiten sich nach rechts unten vor und malen ein armradiusgroßes Wolkenfeld nach dem anderen.**

Die Farbe wird von innen nach außen aufgelegt, wobei der Farbauftrag nach außen hin immer schwächer wird. So setzen Sie ein Wolkenfeld ans andere. Am Rand überlappen sich die Felder ganz leicht.

Wichtig ist, dass die Übergänge von Wolkenfeld zu Wolkenfeld unsichtbar werden. Deshalb muss halb gewischt und halb getupft werden, mit leicht drehenden Bewegungen. Tragen Sie die Farbe bis zu den Kanten auf.

Nicht an den Kanten entlangfahren. Für die Ecken sollten Sie einen kleineren Schwamm benutzen und diese ganz locker wischtupfen.

**Farbe herstellen ist kinderleicht**

Wer einmal begonnen hat mit Kaseinfarben zu malen, wird begeistert sein und sich fragen: „Warum benutzen wir eigentlich so viele synthetische Farben?" Die ehrliche Antwort ist die: Mit Naturfarben können Chemiekonzerne nicht so viel Profit machen!

Bereits mit wenigen Rohstoffen lassen sich qualitativ hochwertige, sehr gesunde Naturprodukte für unterschiedlichste Anwendungen preiswert herstellen, ob Kaseinwandfarben, Eitempera, Bierlasur, Kreideleimfarbe oder andere. Natürliche Farben oder auch Biofarben genannt, sind in diesem Jahrhundert (besonders in den letzten 40 Jahren) durch das reichhaltige Angebot chemisch hergestellter Farbstoffe mehr und mehr verdrängt worden.

Während der Maler früher seine Farben selbst anrührte und mischte, also kreativ tätig war, ist er heute nur noch Handlanger der Industrie. Langweilige, uniforme, mit Dispersionsfarben gerollte Wände sind zum Wohnstandard geworden. Wichtige Kriterien, wie die Gesundheitsverträglichkeit, wurden bis vor ein paar Jahren total beiseite geschoben. Dabei bieten Naturfarben nicht nur diesen Vorteil. Biolasuren sind pilztötend, lassen die Wände natürlich zirkulieren und atmen. Sie eignen sich für innen und außen, haben eine lange Lebensdauer, sind leicht aufzubereiten und einfach zu entsorgen, weil sie sich in den Verarbeitungskreislauf der Natur einfügen. Sie liegen in einer unvorstellbaren Farbvielfalt vor, verstreichen sich gut, wirken natürlich und lebendig. Viel Wissen und Erfahrungen sind bedauerlicherweise mit dem Run auf die chemischen Farben verloren gegangen. Die Pigmente werden aus bunten Erden und Steinen gewon-

**Tipp:**
Kaseinfarbe schont den Geldbeutel und wird der Umwelt gerecht. Für spätere Arbeiten lässt sich damit sogar der originale Farbton erhalten. Die Farbe kann ohne weiteres auch in größeren Mengen eingefroren werden.

**Ockerbruch in Südfrankreich**

nen, z. B. in den Ockerbrüchen Frankreichs, den Kreidefelsen der Insel Rügen oder aus der rötlichbraunen Erde der Toskana: „Terra di Siena". Teilweise entstammen sie auch der Pflanzen- und Tierwelt, z. B. das Blau der ostindischen Indigopflanze.
Wenn wir die Pigmente in Wasser auflösen (einsumpfen), könnten wir bereits damit malen. Doch würde die Farbe dann kreiden (abfärben). Also muss ein Bindemittel hinzugefügt werden. Das könnte Eigelb, Leim oder auch, wie hier, Kasein sein. Wenn wir nämlich Magerquark mit Kalk oder Borax (Alkalisalz) mischen, entsteht ein Kleber: der Kaseinleim. Dieser wiederum verrührt mit dem eingesumpften Pigmentbrei, ergibt dann die Kaseinfarbe. Auch Ölfarben stellten die Maler früher mit Leinöl (Firnis) selbst her. Pigmente mit Bier vermischt, ergeben tolle Lasuren. Bei Holzanstrichen schaut beispielsweise die Maserung noch durch. Farben herzustellen ist also ganz einfach und hat zudem den Vorteil: Sie wissen, welche Elemente sich im Farbcocktail befinden. Wenn Sie Kasein nicht selbst herstellen möchten, können Sie es auch in getrockneter Form kaufen.

**Werkzeuge:**
- Naturschwämme verschiedener Größen
- Rührschüssel
- Schneebesen oder Handmixer
- Farbschalen

**Rezept für Kaseinfarbe:**
- 1 kg Magerquark,
- 50g Borax,
- Glas heißes Wasser zum Auflösen,eingesumpfte Pigmente (je nach Farbton zwischen 50g und 150g),
- ca.1 l Wasser, je nach Bedarf.

- Farbe unbedingt kühl stellen,
- 2 bis 3 Tage haltbar;
- auf etwa 10-20 $m^2$ kommt etwa 1 kg Quark.

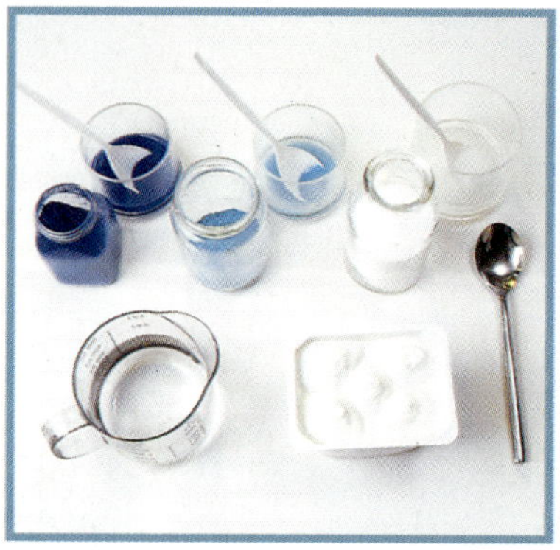

**Der Quark muss nach dem Vermischen mit dem aufgelösten Borax zwei Stunden ziehen – hin und wieder rühren!**

**Das Kasein und die Pigmente werden vermengt und solange mit Wasser verdünnt, bis die Farbe sahnig ist.**

**Der Schwamm wird aufgetupft und dabei leicht gedreht.**

## Wandlasur durch Wischtupfen (einschichtig)

Kaseinfarbe herstellen ist fast vergleichbar mit Kuchenteig anrühren. Zunächst wird das Borax in einem Glas mit Wasser aufgelöst. Gut durchrühren! Dann geben Sie es zur Quarkmasse. Wieder gut rühren! Damit das Borax nun die Eiweißmoleküle aufschließen kann, lassen Sie alles ein bis zwei Stunden ziehen und rühren es hin und wieder um.

Hier entsteht nun das Kasein als Bindemittel für die Pigmente. Die blauen Pigmente sollten Sie über Nacht in Wasser eingeweicht haben, damit sie sich voll entfalten. Diesen Pigmentbrei bitte nochmals gut durchrühren, bevor er dann mit der Kaseinmasse vermengt wird. Es ist sinnvoll, die Pigmente erst einmal in kleinen Portionen (löffelweise) mit dem Kasein zu mischen, damit auch der richtige Farbton getroffen wird – gleichzeitig etwas Wasser hinzufügen, so dass die Farbmasse dünnflüssiger wird. Sie sollte eine sahnige Konsistenz erhalten. Ein Handrührgerät leistet hier gute Dienste. Es empfielt sich, immer einen Rest Farbe aufzuheben, falls die angerührte Masse nicht ausreicht und nochmals nachgemischt werden muss.

Zufrieden mit dem Farbton, beginnt nun die dekorative Arbeit. Bevor Sie die Wand in Angriff nehmen, immer ein Muster auf Zeichenkarton anlegen! Die Lasur wird mit einem Naturschwamm auf die Wand aufgetragen. Er sollte nicht viel größer als die Hand sein. Stecken Sie ihn kurz ins Wasserbad, damit er weich wird. Gut ausgepresst, nun kann es losgehen!

Sie tauchen den Schwamm also vorsichtig mit der Oberfläche in die Farbe ein und tupfen ihn leicht auf die Wand, indem Sie die Hand dabei etwas drehen. Es ist eine Bewegung zwischen Wischen und Tupfen – deswegen heißt es auch Wischtupfen.

Teilen Sie die getrocknete hellblaue Wand mit dünnen Kreidestiftlinien in Streifen ein.

Dann kleben Sie die Ränder ab. Jeder zweite Streifen wird nun locker mit dem Schwamm gewischtupft.

## Wandlasur mit Blockstreifen

Wischtupfen eignet sich gut für verschiedenfarbige Blockstreifen. Pasteltöne wirken hier besonders angenehm. Die Streifen sollten nicht zu schmal gewählt werden, weil die Wand dann zu unruhig wirken könnte.
Nach dem Grundrezept von Seite 19 rühren Sie beispielsweise ein helles Blau an und wischtupfen eine Wandlasur. Lassen Sie die Wand gut trocknen. Danach teilen Sie sich mit einem Kreidestift die lasierte Fläche je nach Beschaffenheit und Geschmack in gleich breite Streifen ein (etwa zwischen 18 und 25 cm). Bei schiefen Wänden ist es ratsam, ein Lot zur Hilfe zu nehmen. Vor dem ersten Farbauftrag müssen Sie die äußeren Ränder der Blockstreifen, die Sie bemalen wollen, abkleben, damit eine saubere Kante entsteht. Nun rühren Sie sich nach Rezept S. 19 einen zweiten Farbton an. Der dunklere Blauton sollte etwas dickflüssiger sein und eine sahnige Konsistenz erhalten. Erst jetzt beginnt der dekorative Teil. Sie wischtupfen alle abgeklebten Blockstreifen. Sobald Sie fertig sind, ziehen Sie das Klebeband ab.

**Werkzeuge**
- Naturschwämme verschiedener Größen
- Rührschüssel
- Schneebesen oder Mixer
- Farbschalen, Klebeband (Malerband, keinen Krepp), Kreidestift, Lot, Lineal

**Wischtupfen Sie zuerst den Ockerton. Dann setzen Sie in die noch feuchte Farbe kleine Sienawölkchen ein.**

**Tipp:**
Die weiße Patina ist speziell auf Raufaser zu empfehlen, weil sich die Farbe gern bei den hervorstehenden Holzteilchen ansammelt und dunkle Punkte bildet. Durch die weiße Schicht verschwinden die Punkte.

**Sind Ihnen die Farben zu hart und kontrastreich, so lässt sich mit einem dünn angerührten Kreideweiß eine sanfte Patina auflegen. Die Wand muss dazu trocken sein. Die Konturen wirken hinterher weich und diffus.**

## Wandlasur auf Raufasertapete (zwei Farben gleichzeitig)

Mehrere Farben nass in nass kombiniert, erwecken so manch tote, raufasertapezierte – aber auch glatte – Wand zum Leben. Nach dem Rezept von Seite 19 werden zwei Farben angesetzt, Ocker und Siena. Beginnen Sie mit dem Farbton, der auf der Wand dominieren soll. Hierbei wird der größere Schwamm benutzt. In kreisenden Bewegungen, halb gewischt und halb getupft, tragen Sie das Ocker wolkenhaft auf. Sobald ein armradiusgroßes Wolkenfeld fertig gestellt ist, setzen Sie mit dem kleineren Schwamm in die noch feuchte Ockerfarbe vereinzelte dezente Sienawölkchen und verwischen diese nass in nass auf der Wand.

**Elefantenhaut schützt**
Ein Anstrich mit Kaseinfarbe lässt sich auch versiegeln, so dass die Wand abwaschbar wird. Rühren Sie nochmals Kaseinbinder (Quark mit Borax) an und geben Sie ein paar Tropfen gebleichtes Leinöl oder Sonnenblumenöl hinzu. Mit viel Wasser verdünnen! Mit einem Flachpinsel streichen Sie nun eine dünne Schicht über die getrocknete Farbfläche.

**Rezept für Elefantenhaut:**
- 1 kg Quark (für ca. 10 m²),
- 50g Borax,
- einige Tropfen Sonnenblumenöl oder gebleichtes Leinöl.
- 1-2 l Wasser

Mit einem Flachpinsel streichen Sie immer nur die Bahn ein, die gezogen werden soll. Den Gummikamm setzt man am oberen Rand etwas nach unten geneigt an und zieht ganz langsam seine Spuren. Hier muss sorgfältig gearbeitet werden, weil jeder Patzer auffällt.

## Kammzug

Kammzug ist eine einfache Technik, die aber unzählige Varianten zulässt: von Wellenlinien über Zickzack, Stoffmuster, Spiralen und vieles mehr.

**Kämme verschönern**
Wände, Sockel, Paneele, Möbel, Türen, Fußböden (mit Spezialfarbe)

Nach dem Grundrezept von Seite 19 setzen Sie eine Kaseinfarbe an, lassen sie aber etwas dicker. Die Fläche sollte für Kammzug und Moiré möglichst glatt sein. Es empfiehlt sich, die Werkzeuge nach Gebrauch gleich gründlich zu reinigen, damit sie nicht verkleben.

**Werkzeuge:**
- Gummikamm
- Maserstempel
- Flachpinsel (Stärke 6)

## Moiré

Der Maserstempel ist wie ein Zauberstab. Die Muster, die er hinterlässt, sehen fast wie naturgetreues Holz aus. Der Maserstempel ist so geformt, dass er, je nachdem wie steil man ihn aufsetzt, andere Muster zaubert.

**Der Maserstempel wird behutsam an der oberen Kante angesetzt und mit leicht wiegenden Bewegungen nach unten gezogen, so dass in unregelmäßigen Abständen ein Maserkern auftaucht.**

## Moiré-Illustrationen

Eine Moiré-Maserung eignet sich gut für Paneele von Schubkästen, Schranktüren oder auch Zimmertüren. Bei langen Bahnen erweist es sich oft als schwierig, den Maserstempel mit gleichmäßigem Druck zu führen. Mit Hilfe eines Feinhaarpinsels lassen sich aber kleine Fehler nachbessern. Nimmt man einen anderen Farbton als Untergrund, so können interessante Varianten entstehen.

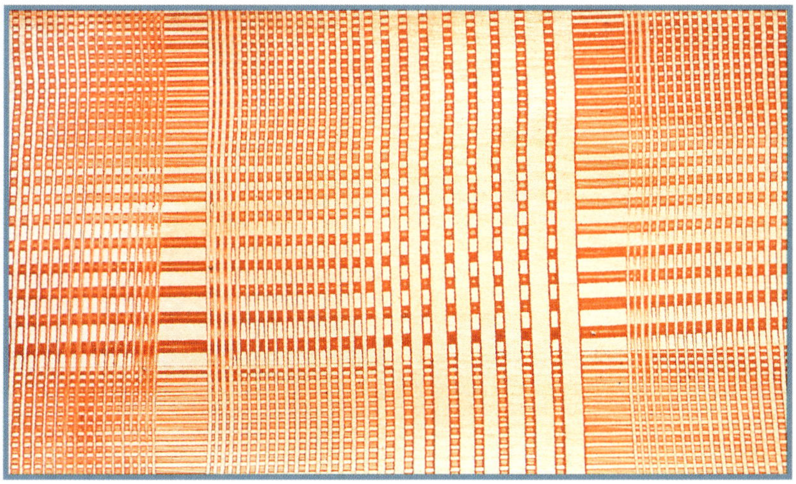

**Tipp:**
Kammzug und Moiré eignen sich auch sehr gut für Ölfarben.

**Weitere Varianten sind möglich, z. B. wenn sich horizontale und vertikale Spuren überschneiden.**

## Feuchtes Lappenrollen

Wenn ein Skorpion in der Wüste über den feinen weißen Sand huscht, hinterlässt er seine Spuren. Ähnlich ist es, wenn ein Lappen über eine frisch aufgestrichene Farbfläche rollt. An den Stellen, an denen der Lappen die Wand berührt, nimmt er die Farbe weg. Diese Technik ist nicht nur für kleine Flächen geeignet. Die Farbe wird nach dem Grundrezept von Seite 19, jedoch etwas dicker, angerührt.

Das Tuch, das Sie dazu benutzen, muss ziemlich steif sein. Es gibt spezielle Lappen zu kaufen, aber ein Baumwolltuch, z. B. ein steifes Bettlaken, tut es auch.

Bevor Sie loslegen, tauchen Sie den Lappen in Wasser und wringen ihn gut aus. Ist er voll Farbe, muss er zwischendurch ausgewaschen werden.

**Mit einem Flachpinsel tragen Sie einen gelben Grundton gleichmäßig und satt auf. Ist der Grundton trocken, streichen Sie einen Grünton satt darüber. Den Lappen knäulen Sie richtig fest zusammen, so dass viele Falten entstehen, die dann die interessanten Spuren hinterlassen. Rollen Sie das Tuch jedes Mal von oben nach unten in Diagonalrichtung auf Ihren Körper zu. Setzen Sie immer wieder neu oben an und knautschen Sie das Tuch dabei anders.**

**Werkzeuge:**
- Steifes Baumwolltuch
- Flachpinsel

**Eine beliebige Biersorte wird in eine Farbschale gegeben und, je nachdem wie intensiv die Farbe werden soll, mit dem eingesumpften Pigmentbrei löffelweise vermischt. Gut rühren! An einem Restholz können Sie den Farbton testen.**

**Mit einem Flachpinsel wird die Farbe nun auf das rohe Holz aufgetragen. An intensiv gefärbten Stellen läßt sich mit einem Baumwoll- oder Zellstofftuch nach dem Trocknen wieder etwas Farbe wegnehmen. Die Holzoberfläche sollten Sie versiegeln, da der Anstrich nicht abriebfest ist. Schelllack lässt sich gut mit einem Lappen aufreiben.**

**Rezept:**
- 1/4 l Bier
- 40 – 50 g Pigmentpulver, die Menge ist vom Farbton abhängig
- Schelllack

**Werkzeuge:**
- Flachpinsel
- Farbschale

## Bierlasur auf Holz

Nicht nur der Mensch wird vom Bier blau, auch Holz. Mit Bierlasuren lassen sich nämlich Tische, Stühle, Kästen, besser gesagt, alle möglichen Gegenstände aus rohem, unbehandeltem Holz, farbenfroh verändern, so dass die schöne Struktur noch sichtbar ist. Das Holz darf weder gewachst noch lackiert sein. Natürliche Pigmente werden ganz einfach in Bier getränkt. Die Lasur ist also keinesfalls gesundheitsschädlich.

Den Modler, der kurz in die Farbe eingetaucht wird, ziehen Sie dann in Zickzackbewegungen nach unten.

Das kann mehrmals wiederholt werden.

Zu guter Letzt nehmen Sie einen Bleistift, der an einem Ende einen Radiergummi hat, tauchen den Radiergummi in Essig und stupfen auf die braune Fläche. Der Essig treibt an diesen Stellen die Farbe auseinander, so dass wurzelähnliche Muster entstehen. Sobald alles trocken ist, kann man es noch mit Damarfirnis oder Schellack schützen.

## Gemaltes Wurzelholz

Das Muster von Wurzelholz wirkt sehr schön auf Türkassetten. Zunächst wird das Möbelstück mit beiger Ölfarbe grundiert und über Nacht gut trocknen gelassen.
Die Pigmente, die einen Tag vorher eingesumpft wurden, mischt man dann mit Essig und Wasser. Die Flüssigkeit muss eine wässrige Konsistenz erhalten. Wichtig ist, dass Sie die Substanz ständig rühren.

**Rezept:**
3 Teile Essig
1 Teil Pigmente
6 Teile Wasser

**Farben:**
bräunliches Ocker und Rehbraun mischen

**Werkzeuge:**
- Flachpinsel
- Modler
- Bleistift mit Radiergummi
- Farbschale

**Ein alter Schreibtisch vom Flohmarkt ist durch das neue Design der gemalten Wurzelholztechnik nicht wieder zu erkennen.**

Ein blassblauer Himmel und rosa Wände verleihen dem Esszimmer eine neue Dimension.

## Was Sie über synthetische Farben wissen sollten

Im letzten Jahrhundert hat die chemische Industrie es fertiggebracht, Pigmente in einer reichhaltigen Farbpalette synthetisch herzustellen. Als Bindemittel wird Acryl verwendet, weil es schnell trocknet und gut haftet. Acrylfarben passen also zu den Bedürfnissen unserer schnelllebigen Welt. Den Biofarben gegenüber gelten sie als beständiger und haltbarer. Sie eignen sich gut für Räume, in denen es manchmal feucht zugeht, wie z. B. in der Küche oder im Badezimmer. Acrylfarben besitzen aber den Nachteil, dass sie nicht umweltverträglich sind, da sie nicht biologisch abgebaut werden können.
Wir verwenden hier Acryl-Künstlerfarben. Sie liegen in einer sehr farbenprächtigen Vielfalt vor und leuchten auch schöner als z. B. die Farben aus dem Malerbedarfshandel. Acrylfarben sind wasserlöslich. Sie riechen nicht und dünsten auch nicht aus, wie das bei den Ölfarben der Fall ist. Um bei Wandlasuren die Trockenzeit zu verlängern, gibt es spezielle Zusätze wie Scumble Glace oder Verzögerer.

**Tipp:**
Wenn die Wand nach dem Wassertest noch zu saugfähig ist, sollte die Oberfläche mit einem wasserverdünnten Acrylbinder vorgestrichen werden. Als Grundlage der dekorativen Malerei reicht ein weißer Voranstrich mit Dispersionsfarbe von guter Qualität.

Die rote Wandlasur mit gelbem Streifen ist für jede langweilige Küche ein besonderer Blickfang. Die Anleitung dazu siehe auf Seite 32.

Tauchen Sie den feuchten Naturschwamm leicht in den Grundton ein und wischen in kreisenden Bewegungen die Farbe locker auf, und zwar in der Fläche, die Sie mit Ihrem Arm erreichen können. Nach außen muss die Farbe etwas schwächer aufgetragen werden (siehe Seite 16/17). Den Schwamm beim Auflegen der Farbe nicht zu fest gegen die Wand pressen, denn das hinterlässt Wischspuren. Wer will, kann auf dem getrockneten Grundton mit Malerklebeband Streifen abkleben.

## Wandlasur in zwei Farben

Acrylfarben eignen sich auch sehr gut für Wände, die bereits mit Raufaser tapeziert wurden. Zwei Farben übereinander machen eine Wand lebendig und geben dem Raum mehr Tiefe. Der Untergrund für die Wandlasur sollte weiß sein – am besten streichen Sie mit Dispersionsfarbe vor. Dadurch wird die Leuchtkraft der Farbtöne noch stärker.
Zunächst müssen die beiden Farben angerührt werden. Dazu geben Sie etwas Künstlerfarbe, die Sie als Grundton verwenden möchten (hier Ocker mit Weiß), in die Farbschale und fügen Acrylbinder hinzu. Die Farbe soll ziemlich dünnflüssig und gut durchgerührt sein. Mit Wasser lässt sie sich leicht verdünnen. Analog dazu bereiten Sie die zweite Farbe, Pompejianisches Rot, vor. Vom Grundton sollte man sich immer etwas Farbe aufheben. Läuft etwas schief, kann man nochmals überstreichen und neue Wolken setzen.

## Wandlasur durch Schwammtupfen

Naturschwämme sind mit vielen kleinen Unebenheiten und Poren übersät, die auf einer Wand interessante Spuren (Abdrücke) hinterlassen können. Legen Sie als Grundlage beispielsweise eine Wandlasur und tupfen mit zwei verschiedenen Farben kleine Muster darauf, so kann das einem Treppenhaussockel viel Pepp verleihen.

Nachdem der Grundton fertig ist, legen Sie mit dem roten Schwamm die zweite Schicht. Der Farbton wird unterschiedlich stark aufgetragen. Das kann in mehreren Schichten wiederholt werden.

**Rezept Ocker:**
- 1 Essl. Ocker,
- 2 – 3 Essl. Weiß,
- 1/4 – 1/2 Liter Wasser.

Wird mehr Wasser hinzugegeben, muss ein Essl. Acrylbinder beigemengt werden. Um die Trockenzeit zu verlängern kann Scumble Glace oder Verzögerer zugefügt werden.

**Werkzeuge:**
- 2 Farbschalen
- Rührschüssel
- 1 Naturschwamm
- 1 Eimer Wasser

**Tipp:**
Während des Arbeitens mit Acrylfarbe müssen Pinsel oder Schwämme immer wieder im Wasser ausgespült werden, sonst verhärten sie.

Zunächst wird eine einfarbige Wandlasur gelegt, wie auf Seite 32 beschrieben. Während die Farbschicht trocknet können Sie die beiden anderen Farbtöne für das Muster, das Sie auftupfen möchten, vorbereiten. In der Substanz sollten diese Farben etwas dickflüssiger (sahnig) als der Grundton sein.
Hier lässt sich sehr viel Kreativität entwickeln. Allerdings wirkt diese Technik an großen Flächen auch sehr schnell unruhig, vor allem, wenn Sie zu viele verschiedene Farben kombinieren. Unterschiedliche Farbabstufungen hingegen können harmonisieren, z. B. eine Steinwand mit Tupfen in diversen Grautönen oder unterschiedliche, aber zarte Pastelltöne.

**Beginnen Sie mit Türkis, das dominieren soll. Der Schwamm wird leicht eingetaucht und die lasierte Wand ganz zart betupft. Drehen Sie den Schwamm dabei immer wieder, jedoch nicht auf der Wand, damit sich beliebige Muster ausbilden.**

**Mit dem zweiten Farbton geben Sie weitere Nuancen hinzu. Das kann beliebig wiederholt werden, bis es Ihnen gefällt.**

**Rezept:**
- Künstleracrylfarbe (Türkis) nach Bedarf,
- 2 Teile Scumble Glaze oder Colorwash,
- 1 Teil Wasser.

**Werkzeuge:**
- 2 Farbschalen
- Rührschüssel
- 1 oder 2 Naturschwämme
- 1 Eimer Wasser

**Im Münchener Kino Maxx schmückt schwammgetupfte Wandlasur die Bar.**

## Wandlasur mit Pinselstrichtechnik

Die Pinselstrichtechnik ist eine Methode, bei der Sie so richtig frei von der Seele kreuz und quer pinseln können. Jeder Pinsel besitzt seinen eigenen Charakter und hinterlässt unterschiedliche Muster. Diese lassen sich für schöne dekorative Wandeffekte ausnutzen. Die Pinselstrichtechnik eignet sich gut für große Wandflächen.
Als Untergrund können Sie eine Wandlasur (wie auf Seite 32 beschrieben) legen, müssen es aber nicht. Für die Pinselstriche setzen Sie zwei oder mehr Farbtöne an. Die Farbe darf nicht zu dünn angerührt werden.

**Werkzeuge:**
- 2 Flachpinsel Größe 5 – 6
- Farbschalen
- Rührschüssel
- 1 Eimer Wasser

**Setzen Sie nun den Pinsel immer in kurzen, schwungvollen Zügen an, und wandern Sie nach Lust und Laune kreuz und quer über die Wand. Dieser lockere, freizügige Stil muss auch an den Rändern beibehalten werden. Nicht mit dem Pinsel an den Kanten entlangfahren!**

**Nachdem die erste Pinselschicht trocken ist, verfahren Sie in gleicher Weise mit dem zweiten Farbton. Das kann nach Belieben wiederholt werden. Jeder Pinselstrich darf nur einmal, in eine Richtung angesetzt werden.**

**Die Pinselstrichtechnik in mehreren Farben übereinander bringt Leben in eine fensterlose Diele.**

## Variationen in Acrylfarbe

Es ist wichtig, zwischen Wand und Decke einen weichen, harmonischen Übergang zu schaffen. Besonders wenn die Wände kräftige Farben erhalten sollen, empfiehlt es sich, auch auf der Decke eine Farbschicht anzulegen. Die Wände erhalten dann zwei oder drei Lasurschichten.
Eine andere Möglichkeit der Harmonisierung besteht darin, einen etwa drei Zentimeter breiten Rand an der Decke leicht mitzutönen. Als eine weitere Möglichkeit den Übergang von einer weißen Decke zu einer farbigen Wand weich und ohne harten Übergang zu gestalten, bieten sich Schablonenarbeiten an.

**Ein Wellenabschluss mit Schattenkanten bietet einen exzellenten Übergang von der Wand zur Ecke.**

**Pinsel säubern, welch ein Graus!**

- Pinsel und Schwämme in reichlich Wasser auswaschen.
- Farbreste entsorgen:
  Farbreste sammeln und austrocknen lassen, anschließend in den Müll geben.

**Eine gemalte Marmorplatte ziert die lasierte Wand dieses Zimmers. Dazu wurde der Kleiderschrank passend bemalt und mit originellen Schablonenmotiven um den Spiegel verschönert.**

## Was Sie über Ölfarben wissen sollten

Wer kann sich nicht an die bunten Sockel in Schulterhöhe erinnern, die zu Großmutters Zeiten Korridore, Treppenhäuser, Küchen, ja sogar die gute Stube zierten. Sie bestanden hauptsächlich aus Öllasuren, weil sie sich in den Zonen befanden, die stark beansprucht wurden. Öllasuren lassen sich gut sauber halten. Sie sind abwaschbar.

Auch Türen oder Möbelstücke wurden früher, besonders in Schlössern, viel mit Ölfarbe dekoriert. Komplett bemalte Ölwände sieht man seltener, weil Ölfarbe die Oberfläche versiegelt.

Wir verwenden bei unseren Beispielen Künstlerölfarben, denn das Reizvolle daran ist: Es lassen sich vielfältigste, zarteste und nuancenreichste Farbtöne mischen. Trotz großer Flächen benötigt man nur ganz wenig Farbe. Ein weiterer Vorteil ist, hat man einen Fehler begangen, lässt sich die Farbe leicht wieder wegwischen, denn Ölfarben trocknen sehr langsam (sind lange offen). Dem kann man aber mit Sikkativ (Trockner) abhelfen, denn trocknet die Farbe zu langsam, sammelt sich zu viel Staub darauf. Dennoch darf Sikkativ nur sparsam verwendet werden, weil es sich negativ auf die Oberflächenspannung der Farbe auswirken könnte (es entstehen Risse).

**VERTREIBEN**
**Unverzichtbar für Öl-Maltechniken ist der Vertreiber, auch Schlichter genannt. Streichelt man mit einem Vertreiber ganz sanft die ölbemalte Oberfläche in diagonaler Richtung, so zerfließen die Konturen und es entsteht eine weiche diffuse Struktur . Dadurch lassen sich bei vielen dekorativen Öltechniken schöne Effekte erzielen – es gibt eine teurere Pinselversion aus Dachshaar, die preiswertere aus Schweinsborsten reicht aber auch.**

**Grundrezept für Öllasur:**
- 6 Teile Glaze,
- 1 – 2 Teile Terpentin (Balsam Terpentin) zum Verdünnen (Trockner ist nicht zwingend),
- Künsterölfarbe je nach Bedarf.

- 1 l Glaze reicht für 30 bis 40 m².

Wir benutzen hier ein besonderes Malmittel namens Glaze. Es macht die Farben transparent. Bis vor kurzem gab es Glaze nur in England zu kaufen. Man kann sich dieses Mittel zwar selbst aus Leinöl oder Lack und Terpentin herstellen, doch durch den Zusatz von Kreide bekommt es nicht die Transparenz, die Glaze hat. Zudem lässt sich selbst angerührtes Glaze (siehe Seite 39) nicht gut vertreiben, was bei manchen Techniken ein Nachteil sein kann.

Alle Farben – auch Glaze – die Leinöl enthalten, vergilben, sobald sie nicht mehr dem Sonnenlicht ausgesetzt sind. Das wird besonders deutlich sichtbar, wenn Sie die Farbe zu

**Öllasur passend zum echten Marmorboden. Dazu ein bemaltes Möbelstück mit Kassetten.**

dick auftragen oder zu viel Glaze benutzen. Bei Lichteinfall kann sich das wieder regenerieren. Wenn Sie ein wenig Weiß unter die Farben mischen, können Sie dem Vergilben von Beginn an entgegenwirken. Grundsätzlich gilt beim Anwenden von Ölfarben: Die Farben sollten äußerst sparsam verwendet werden, besonders dann, wenn man später vertreiben will (beim Marmorieren). Es könnten sonst Kratzer zurückbleiben.

Ölfarben kann man auch selbst herstellen. Dennoch raten wir davon ab, da die Pigmente ganz fein gemahlen sein müssen, damit sie sich mit den winzigen Molekülen verbinden. Im Mittelalter mussten die Maler die Pigmente mit einem Mörser zerstampfen (mahlen) – daher rührt auch die Bezeichnung Maler.

**Tipp:**
- Der Untergrund sollte bei Ölfarbentechniken sehr glatt sein, da durch den Glanz Unebenheiten besonders auffallen.
- Wer Glaze sparen möchte, ersetzt ein bis zwei Teile durch Leinöl. Es trocknet jedoch langsamer.

## Wandlasur mit Ölfarben

Eine Öllasur ist der Rolls Royce unter den Wandlasuren. Mit keiner anderen Farbart bekommt man so feine Farbverläufe und zarte Nuancen hin, ohne jegliche Ränder oder Pinselstrukturen. Ölfarblasuren sind sowohl für edle Räume als auch für Treppenhauswände und Feuchträume sehr gut geeignet, da sie sehr strapazierfähig sind.
Es ist nicht ratsam, Wohnräume, die nicht gut zu lüften sind, komplett mit Öllasuren zu bedecken, denn Öl schließt die Poren, die Wände tauschen also weder Feuchtigkeit noch Sauerstoff aus.

**Nach dem Grundrezept von Seite 36/37 rühren Sie eine Ockerfarbe und ein Siena gebrannt an. Das Baumwolltuch wird nun leicht in Ocker eingetaucht und die Farbe mit kreisenden Bewegungen locker auf die weiße Wand aufgetragen – mal dichter, mal dünner. Gleichzeitig wird Siena gebrannt in sanften Wolken aufgelegt – danach schlichten.**

**Wenn die Wand über Nacht getrocknet ist, geht es an die zweite Schicht – Türkis. Nur ganz wenig davon anrühren! Mit Türkis werden jetzt sporadisch Akzente, sprich zarte kleine Wolken gesetzt – wieder sanft schlichten.**

**Werkzeuge**
- Baumwolltuch oder Schaumgummischwamm
- Flachpinsel
- Vertreiber

**Tipp:**
Selbst angerührtes Glaze
- 1 Teil gebleichtes Leinöl,
- 1 Teil Balsamterpentin (evtl. etwas Sikkativ),
- Teil Klarlack seidenmatt (auf Ölbasis).

Alles mit Künstlerölfarben abtönen und sehr sparsam verwenden.
Nachteil: Selbst gemachtes Glaze lässt sich nicht gut für Techniken verwenden, bei denen viel geschlichtet werden muss, wie z. B. beim Marmorieren.

Je mehr transparente Schichten man bei Öllasuren auflegt, umso beeindruckender wird die Wand, denn Ölschichten lassen sich hauchdünn auftragen. Mehrere Schichten ergeben eine starke Tiefenwirkung. Allerdings muss man sich für jede Schicht einen Tag Zeit nehmen, weil dic Farbe über Nacht trocknen sollte.

**Drei Farbschichten in zarten Farbtönen schmücken die Wände eines Wohnzimmers.**

## Stupfen

Stupftechnik lässt viele Varianten zu. So können Sie beispielsweise mehrere Farbtöne ineinander stupfen oder Farbverläufe von dunkel nach hell zaubern. Sie sollten die Möbel mit einer weißen Vorstreichfarbe grundieren.

**Die Stupfmethode eignet sich ganz gut für Möbel, wie hier zur Dekoration eines Schrankes.**

**Rühren Sie die Farbe nach dem Grundrezept Seite 36 an. Mit einem Flachpinsel streichen Sie die Fläche deckend – nicht zu dick und nicht zu dünn. Die Farbmenge darf ruhig ungleichmäßig verteilt sein.**

**Mit der Stupfbürste oder einem steifen Rundpinsel stupfen Sie nun senkrecht auf den frischen Aufstrich. Dabei nehmen die Borsten Farbe weg und gleichen gleichzeitig die Oberfläche aus. Nicht wischen!**

**Was sich gut stupfen lässt:**
- Schatullen
- Zimmertüren
- Schranktüren
- Kommodenkästen

**Werkzeuge:**
- Stupfbürste (bei großen Flächen)
- Rundpinsel (bei kleinen Flächen)
- Flachpinsel 5 – 6
- Kosmetiktücher

## Lappenrollen mit Papiertuch

Jeder von Ihnen hat sich sicher schon im Schnee gewälzt und dabei faltenartige Spuren hinterlassen. Auch auf einer frisch gestrichenen Fläche können solche Faltenmuster sehr reizvoll wirken. Nehmen Sie dazu einfach ein zusammengeknülltes Zellstofftuch.

**Eine Kombination aus Zugtechnik und Lappenrollen schmückt diese Tür. Extravagant wirkt ein zusätzlicher Streifen aus goldener Ölfarbe.**

**Zum Lappenrollen eignen sich:**
- Sockel
- Paneele
- Wände
- Türen

**Werkzeuge:**
- Zellstofftücher
- Flachpinsel
- Stupfpinsel
- Handschuhe

**Auf die bereits aufgelegte und getrocknete beige Farbschicht tragen Sie mit dem Flachpinsel eine weitere Schicht in einem Grünton auf. Diese Farbschicht sollten Sie stupfen, damit die Oberfläche gleichmäßig wirkt.**

**Nun nehmen Sie ein Kosmetiktuch, knüllen es locker zusammen, so dass viele Falten entstehen, und rollen es ganz leicht, immer in Bahnen von oben nach unten über die frisch gestupfte Fläche. Diese Technik lässt sich genauso mit einer Plastiktüte ausführen. Die Farbe bleibt am Tuch (Tüte) hängen. Das Tuch muss ständig erneuert werden, sobald es zu viel Farbe aufgenommen hat.**

## Zugtechnik

Die Zugtechnik ist ein sehr einfaches Dekorationsmittel. Sie eignet sich hervorragend für Zimmertüren und Paneele. Mit einem Zugpinsel, der leicht in Farbe eingetaucht wird, zieht man vertikale Spuren. Durch die Verbindung mit Glaze bleibt die Farbe genauso stehen, wie man sie mit dem Pinsel aufsetzt. Dadurch lassen sich alle erdenklichen Formen wie Ovale oder Wellen ziehen.

**Die Farbe wird nach dem Grundrezept Seite 36 angesetzt. Sie darf für die Zugtechnik aber nicht zu nass angerührt werden.**

**Ziehen Sie von oben nach unten mit dem Flachpinsel eine gleichmäßige Farbspur. Dann setzen Sie den Pinsel wieder etwas überlappend oben an und streichen eine zweite Bahn, dann eine dritte usw.**

**Tolle Effekte erreicht man auch, wenn verschiedene Farbtöne gleichzeitig gezogen werden, z. B. verschiedene Rot- oder Beigetöne. Immer nur wenig Farbe verwenden!**

**Werkzeuge:**
- Flachpinsel oder Zugpinsel
- Schläger
- Vertreiber
- Farbschalen

## Schlagen

Ein Pinsel, Schläger genannt, mit besonders langen Borsten kommt bei dieser Technik zum Einsatz. Als Grundlage dient die Zugtechnik. Durch Schlagen entsteht eine holzähnliche Struktur, die dem Eichenholz ähnelt.

**Zunächst ist es wichtig, die Konsistenz der Lasur nach dem Grundrezept von Seite 36 so zu mischen, dass die Farbe nicht zu nass ist. Ziehen Sie dann mit dem Flachpinsel von oben nach unten parallele Streifen.**
**Die gezogene Oberfläche wird nun geschlagen, und zwar von unten nach oben. Dadurch werden die feinen Farblinien aufgebrochen und eine holzähnliche Struktur entsteht.**
**Schöne Effekte lassen sich erreichen, wenn zuvor eine andersfarbige Öllasur gelegt wurde, auf der man nach dem Trocknen mit einem zweiten Farbton die Schlagtechnik anwendet. Dann schaut der Grundton hervor.**

**Was lässt sich gut schlagen?**
Möbel, Paneele oder Türen.
Für ganze Wände ist die Methode zu mühsam.

### Flechtmuster

Dieses Muster verleiht Wänden oder Möbeln eine plastische Wirkung. Es eignet sich zum Beispiel gut für die Sitzflächen von Stühlen, für Paneele an Schränken oder im Sockelbereich einer Wand.

**Nachdem Sie nach dem Rezept von Seite 36 die Ölfarbe angerührt haben, setzen Sie den Flachpinsel von links nach rechts in kurzen Pinselzügen, abwechselnd vertikal und horizontal an. Möchten Sie eine noch mehr diffuse Struktur, sollten Sie leicht schlichten. Wer kreativ ist, kann sich auch andere Varianten einfallen lassen, z. B. kleine Rundbögen. In kurzen Pinselschwüngen zieht man einen Rundbogen nach dem anderen.**

## Malachit

Sehr schönen Malachit findet man in Russland. Es ist ein Halbedelstein, der in einem kräftigen Grün leuchtet und fast baumringartige Strukturen aufweist.
Das Muster ist gut geeignet für kleine Flächen: Schatullen, Einfassungen oder Paneele. In anderen Farben macht sich Malachit auch sehr gut.

Zunächst mischen Sie ein feuriges Chromoxidgrün mit Permanentgrün, streichen damit die Fläche, die Sie bemalen wollen, ein und lassen sie trocknen.
Aus Wellpappe schneiden Sie sich einen Streifen. Die Größe hängt von der Fläche ab, die Sie dekorieren wollen.

**Mischen Sie nach dem Rezept von Seite 36 schwarze Künstlerölfarbe mit Glaze. Betupfen Sie die grüne Fläche möglichst dünn mit einem Schaumgummischwamm.**

**Aus Wellpappe schneiden Sie kleine Stücke zu.**

**Die Pappe wird auf die Kante aufgesetzt und in leicht zackigen Bewegungen im Kreis gedreht. Dabei bleibt die Spitze fast immer an der gleichen Stelle. Die Pappe sollte immer wieder gewechselt werden.**

**Werkzeuge:**
- Schaumgummischwamm
- Flachpinsel
- Wellpappe

**Farben:**
- Chromoxidgrün
- Permanentgrün
- Schwarz
- Glaze

**Der Schrank ist mit einer Kombination aus Zugtechnik und Malachit dekoriert.**

**Wellpappestückchen in verschiedenen Größen ergeben unterschiedlich große Rosetten. Wird die Kante der Wellpappe zu weich, müssen Sie ein neues Stück benutzen.**

**Mit dem dickeren Rundpinsel tupfen Sie unregelmäßige Flecke auf das Ocker. Dabei drehen Sie den Pinsel immer wieder in der Hand und lassen die Punkte in eine Diagonalrichtung laufen.**

## Schildpattmuster

Echtes Schildpatt ist sehr teuer und darf zudem nicht gehandelt werden. Es stammt vom Panzer der Meeresschildkröten. Früher wurde es viel für Einlegearbeiten an Spiegeln, Bilderrahmen, Füllfederhaltern oder Handbürsten verwendet. Da es so wertvoll und selten war, aber die Muster so dekorativ wirkten, kamen einige Maler auf die Idee, es zu imitieren. Ein solches Schildpattmuster ist gut für kleine Flächen geeignet. In der Natur existiert es in unterschiedlichen Farbtönen.

In hellem Ocker wird zunächst eine Grundfläche gestrichen, die dann trocknen muss. Setzen Sie zwei Farbtöne (Umbra gebrannt und Umbra natur) nach dem Rezept auf Seite 36 mit Glaze an. Die Farbkonsistenz muss ziemlich dickflüssig sein, damit Strukturen gut sichtbar werden.

**Mit Umbra natur und dem kleineren Pinsel tupfen Sie nun noch kleine Akzente dazwischen. Wer mag, kann mit einer dritten Farbe (Siena gebrannt) weitere Flecke setzen.**

**Nun kommt der feine Schliff. Mit dem Vertreiber streichen Sie in diagonaler Richtung ganz sanft über die Oberfläche. Die Konturen zerfließen zu einer diffusen Struktur.**

**Schildpatt eignet sich ganz besonders für kleine Flächen wie hier die Uhr.**

**Werkzeuge:**
- Rundpinsel (Stärken 4, 8)
- Flachpinsel (zum Vorstreichen)
- Vertreiber
- Farbschalen

**Farben:**
- Ocker
- Umbra gebrannt
- Umbra natur
- evtl. Siena gebrannt
- Glaze

**Pinsel reinigen, welch ein Graus!**

• Möchte man die Pinsel wieder von der Ölfarbe befreien, so empfiehlt es sich, zwei Schalen mit Terpentinersatz und einen Eimer mit Seifenwasser vorzubereiten, und zwar Marseiller Seife. Es gibt sie in Drogerien zu kaufen. Bitte keine agressiven Pinselreiniger benutzen!
Der Vertreiber wird zuerst gereinigt!
Zunächst die Farbe des Pinsels an einer Küchenrolle abstreifen, bis nur noch wenig Farbe hängen bleibt. Den Pinsel dann im ersten Terpentinbad schwenken, zwischen den Händen drehen (ausschleudern), abwischen und alles im zweiten Terpentinbad wiederholen.
Danach den Pinsel ins Seifenbad geben und wiederum ausschleudern. Die Seife befreit den Pinsel vom letzten Rest Fett.
• Tücher entsorgen:
Achtung! Alles Material, das mit Leinöl oder Terpentin getränkt wurde, entzündet sich von selbst. Deswegen muss man die Tücher austrocknen lassen, bevor man sie in die Mülltonne gibt.
• Farbe entsorgen:
Lässt man den Terpentinersatz einige Zeit in einem geschlossenen Glas ruhig stehen, so setzen sich die gelösten Farbreste am Boden ab. Das Terpentin kann man dann abschütten und wieder verwenden. Die Farbreste lassen Sie einfach austrocknen und verdunsten.

**Tipp:**
Der Untergrund sollte glatt sein. Für Holz gibt es extra Vorstreichfarbe (Primer) zu kaufen. Sie lässt sich gut verteilen und härtet sehr stark aus, so dass Sie die Oberfläche gut schmirgeln können.

# Täuschend echter Marmor

Naturmarmor sieht in seiner Struktur so kompliziert aus, dass man nicht glaubt, ihn malen zu können. In der Natur kommt er in vielen Farbschattierungen vor: weiß, grau, gelb, rosa, grün und schwarz. Man findet ihn vor allem in Italien. Einige Marmorarten sind bereits verschwunden, wie beispielsweise der Siena Marmor. Früher wurden Marmorstrukturen häufig in Kaseinfarben, aber auch in Ölfarben gemalt. Letztere lassen sich besser schlichten, was den Marmor richtig echt erscheinen lässt. So werden in Kirchen Besucher oft durch gemalte Marmorsäulen getäuscht.

Heute ist gemalter Marmor wieder im Kommen. Nicht nur Wände und architektonische Ornamente lassen sich mit Strukturen verzieren, auch Möbeln kann man einen edlen Charakter verleihen.

Paradoxerweise kommt es beim Malen von Marmor darauf an, keine Regelmäßigkeiten hineinzubringen.

## Fünf-Minuten-Marmor

Diese Marmorart heißt so, weil sie in fünf Minuten gemalt ist. Sie eignet sich sehr gut für größere Flächen.
Mischen Sie einen hellen und einen dunkleren Grünton der Künstlerölfarbe mit Glaze.

**Marmorbad im Hotel Landhaus Plendel, Freising. Kombination von echtem und gemaltem Marmor.**

**Sie reißen ein Stück vom Schaumgummischwamm ab und tauchen die abgerissene Seite leicht in das helle Grün. Mit lockerer Hand tragen Sie dann die Farbe unregelmäßig auf.**

**Mit dem zweiten Schwamm setzen Sie den dunkleren Grünton, in Diagonalrichtung laufend, ganz locker und unregelmäßig dazwischen. Wenig schlichten!**

**Werkzeuge:**
- 2 Schaumgummischwämme
- 2 Farbschalen
- Vertreiber

**Rezept:**
- 6 Teile Glaze,
- 1 – 2 Teile Terpentin,
- ½ Teil Trockner
  (mit der jeweiligen Farbe anrühren)

**Farben:**
Grüne Erde, Weiß, Schwarz

## Weißer Marmor mit Adern

Weißen Marmor sieht man sehr häufig auf Fensterbänken, Fußböden oder auch in Bädern. Beim Malen der Marmorstruktur sollte man keine Regelmäßigkeiten hineinbringen. Am besten Sie legen sich ein echtes Stück Marmor als Muster (Vorlage) vor. Nach dem Rezept von Seite 49 rühren Sie einen hellen und dunkleren Grauton an.

**Adern**
Für die Adern wird ein noch dunkleres Grau benötigt, das Sie mit viel Terpentin verdünnen.

**Werkzeuge:**
- 2 Rundpinsel
- 2 Farbschalen
- Schlepper oder Feinhaarpinsel
- Vertreiber

**Farben:**
- Schwarz
- Weiß
- Glaze

**Zunächst den hellen, dann den dunkleren Grauton locker mit einem Rundpinsel auftragen und schlichten, ähnlich wie auf der vorhergehenden Seite beschrieben.**

**Die Farbe wird dünn aufgelegt. Zu dichte Stellen lassen sich mit dem Zellstofftuch leicht abtupfen. Nochmals schlichten!**

**Mit dem Schlepper und dem stark verdünnten Grauton in Diagonalrichtung zittrige Adern einziehen – dabei den Pinsel ab und zu drehen und fest aufdrücken …**

**… und wieder hochziehen, so dass unregelmäßig breite Adern entstehen. Keine parallel verlaufenden Adern ziehen. Sanft in Diagonalrichtung schlichten.**

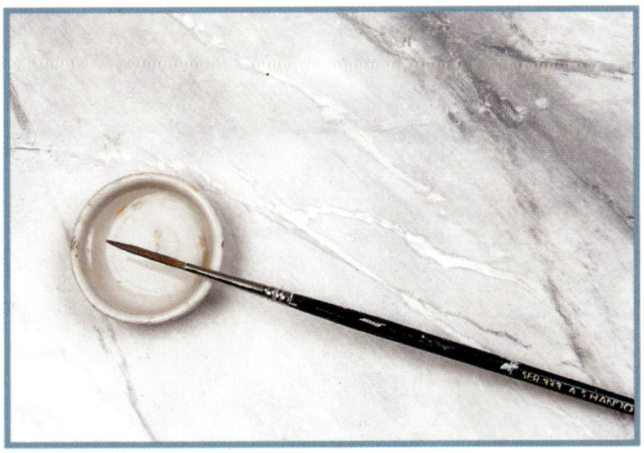

**Echte Marmorstrukturen sind häufig von weißen Adern durchzogen. Diese lassen sich malen, indem Sie den sauberen Schlepper leicht in Terpentin tauchen und zackige Linien ziehen, die dann wie Sprünge wirken, denn die Farbe wird an diesen Stellen verdrängt.**

**Durch Aufspritzen von Feuerzeugbenzin lassen sich natürliche Marmoreffekte erzielen. Geben Sie das Benzin in ein Schälchen und tauchen Sie einen Borstenpinsel hinein. Mit den Fingerspitzen fahren Sie über die Pinselhaare und bespritzen die frisch marmorierte Fläche. Diesen Marmor nennt man auch Fließmarmor. Vorsicht mit zu großen Tropfen!**

## Schwarzer Marmor

Schwarzer Marmor wirkt sehr elegant, ja fast streng. Die gemalte Variante entschärft diese Ernsthaftigkeit. Säulen oder auch Möbel lassen sich sehr edel verzieren.

**Der Untergrund wird mit einem Grünton gestrichen. Am nächsten Tag tragen Sie das Schwarz ganz unregelmäßig und locker auf die getrocknete Fläche auf und lassen wenige grüne Stellen herausleuchten, danach schlichten!**

**Wenn die Farbe trocken ist, ziehen Sie mit dem Eichhörnchenschlepper in diagonaler Richtung weiße breite, zackige Adern ein. Der Pinsel wird dabei ganz locker in der Hand geführt und hin und wieder gedreht. Nicht zu viele Adern ziehen.**

**An anderen Stellen können Sie hauchzarte Netze, Sprünge einflechten.**
**Mit einem Tuch lassen sich auch milchstraßenähnliche Nebel einwischen.**
**Leicht schlichten.**

**Werkzeuge:**
- 1 Rundpinsel
- Farbschalen
- Eichhörnchenschlepper
- Vertreiber

**Farben:**
Schwarz mit Glaze (nach Rezept von Seite 49) anrühren, Weiß mit Glaze und Terpentin, feuriges Chromoxidgrün als Malgrund

Schmuckladen in Gräfelfing mit schwarzen marmorverzierten Säulen.

Es soll ein schönes Gesamtbild entstehen, das sich am natürlichen Marmor orientiert – wiederum schlichten.

## Siena Marmor

Einige Marmorarten, wie z. B. der gelbe Siena Marmor, sind in der Natur so gut wie nicht mehr vorhanden. Umso großartiger ist es, sie malen zu können. Auch hier empfiehlt es sich, das echte Muster in einem Schloss oder Museum zu fotografieren.
Die Adern werden mit einer Gänsefeder aufgetragen. Zuerst müssen Sie die Feder spreizen, indem Sie mit der Hand gegen die Kielrichtung streichen.

**Schreibtisch mit einer gemalten Siena-Marmorplatte und schwarzem Marmorsockel als Blickfang im Büro.**

**Sie legen mit dem Ocker-Weiß-Gemisch großflächige Muster an, so dass die weiße Vorstreichfarbe an manchen Stellen nur hauchdünn übermalt ist. Dann setzen Sie mit der Ocker-Siena-Farbe Effekte dazwischen. Leicht schlichten!**

**Am nächsten Tag mit Siena natur bräunliche Tiefen, auch Sprünge und scharfe Kanten setzen und wiederum schlichten.**

**Die Spitzen der Federn leicht in die schwarze Farbe tauchen und im steilen Winkel ansetzen und mit etwas unregelmäßigen, auch zackigen Bewegungen die Federspitzen über die Fläche ziehen. Nochmals leicht schlichten.**

**Es werden zwei Farbschichten sowie schwarze Adern gelegt:**

### Schicht 1
Nach dem Rezept von Seite 49 mischen Sie Ocker pur mit Weiß und Glaze – die zweite Farbe ist Siena gebrannt plus Ocker plus Glaze.

### Schicht 2
Sie wird einen Tag später angelegt! Nach dem Rezept von Seite 49 vermengen Sie Siena natur mit Glaze.

### Adern
Rühren Sie ein wenig Schwarz mit Glaze und Terpentin an.
Die Adern werden mit einer Gänsefeder aufgetragen, die Sie nach Gebrauch wegwerfen sollten. Steht keine Gänsefeder zur Verfügung, kann auch ein Weichhaarpinsel benutzt werden. Beim Adernziehen muss der Pinsel hin und wieder gedreht und in unterschiedlichen Winkeln auf- und abwärts bewegt werden.

**Werkzeuge:**
- 1 Schaumgummischwamm, in zwei Teile zerreißen.
- Künstlerborstenpinsel
- Gänsefeder
- Vertreiber

**Farben:**
- Ocker pur
- Weiß
- Siena natur
- Siena gebrannt
- Schwarz

**Viele Farbschattierungen von Ocker bis Braun und ein Netz von unregelmäßigen, dunklen Adern sind charakteristisch für den Siena Marmor.**

**Tipp:**
Möbel müssen mit weißer Vorstreichfarbe vorbehandelt werden.

## Marmormalerei über Fliesen

Manch einer würde am liebsten seine alten dunklen Badezimmerfliesen herausreißen, scheut aber die hohen Kosten. Jetzt gibt es eine andere Lösung. Übermalen Sie doch ganz einfach die alten Kacheln. Gegenüber einer Neubefliesung können Sie bis zu 60% sparen.
Hier drängt sich natürlich eine Frage auf: Hält die Farbe denn auch der Feuchtigkeit eines Badezimmers stand? Ja, durch die spezielle Grundierung haftet die Ölfarbe praktisch unlösbar auf den Fliesen. Von zu stark glänzenden Kacheln sollte man allerdings absehen.
Das Bemalen von Fliesen hat noch einen anderen Vorteil: Jeder bekommt so sein individuelles Badezimmer und kein Massendesign.

### Vorarbeiten

Die Fliesen müssen zuvor gründlichst mit Ablauger gereinigt werden. Das ist sehr ernst zu nehmen! Bleiben Seifenreste oder andere Rückstände zurück, könnte sich die Farbe lösen. Hierbei sollte besonders auf die Sauberkeit der Fugen im Nassbereich geachtet werden. Den Ablauger mit Wasser abspülen und dann abtrocknen. Danach streichen Sie die Fliesen mit einer Spezialfarbe, einem Zweikomponentenlack, vor. Dabei muss gut gelüftet werden. Beachten Sie auch die Herstellerhinweise. Mischen Sie nur so viel Farbe, wie Sie in ein bis zwei Stunden verarbeiten können. Die Grundierungen können mit einer Lackrolle aufgetragen werden.
Mit dem Grundton, z. B. Grau (Seidenmattlack), den der Marmor bekommen soll, legen Sie dann eine flächendeckende zweite Schicht über die Fliesen.

**So manches hässliche, dunkle, rustikale Bad verwandelte sich durch Übermalen in einen griechischen Marmorpalast. Auch Heizkörper, Türen und eingebaute Schränke lassen sich perfekt einbinden.**

**Durch den gemalten Marmor strahlt das Badezimmer Wärme, Helligkeit und Eleganz aus.**

**Werkzeuge und Material**
- Ablauger (flüssig oder Pulver)
- Küchenschwamm
- harte Bürste
- evtl. Moltofill, Spachtel (für Fugen)
- weiße Wandfarbe
- evtl. Abtönfarbe (für die Decke und den oberen Wandbereich)
- Farbschale
- Rolle
- Zwekomponenten-Vorstreichfarbe: z. B. WAPEX 660 weiß
- Farbschale
- Spezialrolle
- Ölfarbe seidenmatt, weiß
- Terpentin
- Abtönfarbe
- Farbschale
- Rolle
- evtl. Klarlack

**Marmorierung:**
- Künstlerölfarbe
- Farbschalen
- Glace
- Terpentin

## Dekorative Malerei

Nun beginnt die dekorative Malerei. Hierzu werden Künstlerölfarben benutzt, die nach Rezept von Seite 49 mit Glaze gemischt werden.
Auf den Seiten 48 bis 55 können Sie sich nun ein Marmormotiv aussuchen und die Fliesen entsprechend bemalen. Die Ränder der Säulen sollten mit den Fugen der Fliesen übereinstimmen.
Im Duschbereich werden die Fliesen, wenn die Ölfarbe trocken ist, mit Klarlack versiegelt. Zwei Schichten sind zu empfehlen.

**Tipp:**
- Silikonfugen lassen sich nicht übermalen. Sie müssen durch Acrylfugen ersetzt werden. Beim Grundieren mit dem Zweikomponentenlack gut lüften!

# Schablonenmalerei

Schablonenverzierte Wände gab es in Europa schon im Mittelalter. In England entdeckte man die erste Tapete mit Schablonenarbeit aus der Zeit um 1500. Die älteste Technik kommt allerdings aus China. Schablonen sind aus Zeichenkarton ausgeschnittene Ornamentvorlagen, ähnlich den Scherenschnitten. Mit der Produktion von billigem Papier und Schneidewerkzeugen begann sich diese dekorative Technik auszubreiten. Heute gibt es spezielle Plastikfolien zum Herstellen der Schablonen. Sie bieten den Vorteil, dass man durchschauen kann und somit leichter die Markierungen an der Wand findet.

Fertige Schablonen mit verschiedenen Motiven – von der Blume bis zum klassischen Ornament – gibt es in vielen Malerbedarfsgeschäften und in Läden für Künstlerbedarf.

**Werkzeuge:**
- Schneidemesser
- Stupfpinsel
- Sprühkleber
- Folienschreiber
- Gummiunterlage
- Kreidestift

**Schablonenmaterial:**
- Zeichenkarton oder Plastikfolie

## Einzelmotiv Lilie

Für die Schablone benutzt man hier einen Zeichenkarton. Die Lilie von Seite 61 kann auf die gewünschte Größe kopiert, mit Sprühkleber eingesprüht und auf den Karton geklebt werden.

Den Zeichenkarton auf eine Gummiunterlage legen und das Motiv mit einem Messer sauber ausschneiden.

Die Kopie wieder abnehmen. Die Mittellinie sowie horizontale Achse der Schablone anzeichnen. Damit sich die Schablone nicht auflöst, beidseitig mit Klarlack bestreichen.

Auf der Wand mit Kreidestift kleine Markierungen anbringen, an denen die Lilie angesetzt werden soll. Acrylfarbe fast ohne Wasser anrühren.
Den Stupfpinsel leicht in die Farbe tauchen und vorweg auf Zeitungspapier etwas abstupfen, dann im 90°-Winkel mal dichter, mal aufgelockerter über die Ausschnitte der Lilie stupfen.

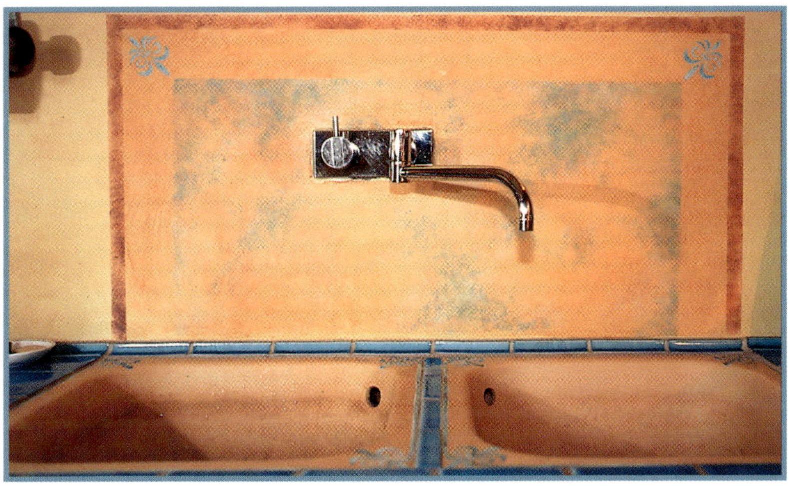

**Passend zu dem terakottafarbenen Becken und den türkisen Fliesen wurde die Küchenwand in Schablonentechnik gestaltet.**

## Barockband mit Folienschablone

Rühren Sie drei verschiedene Acrylfarben trocken an. Legen Sie die Schablone an. Stupfen Sie die drei unterschiedlichen Farben nacheinander – zuvor sollten Sie den eingetauchten Pinsel etwas auf Zeitungspapier abtupfen.
Wenn der erste Rapport gestupft ist, legen Sie die Schablone mit dem ersten Motiv über das zuletzt gestupfte Motiv und verfahren wie zuvor. Wiederholen Sie diesen Vorgang, bis das Ende der Wand erreicht ist.

Das Motiv muss so ausgeschnitten werden, dass es übergangslos aneinander gesetzt werden kann. Kleben Sie die Plastikfolie auf das kopierte Barockband und schneiden Sie auf einer Gummiunterlage die umrandeten Felder aus.

An der Wand wird mit Hilfe einer Wasserwaage eine horizontale Linie gezogen, an die Sie dann die Schablone ansetzen können. Durch die Klarsichtfolie lassen sich die Hilfslinien gut wiederfinden.

**Die Bordüre schafft eine gute Verbindung von den hellblau lasierten Wänden zur Stuckdecke. Biedermeierzimmer im Hotel Landhaus Plendel, Freising.**

**Schablonenmuster für Mäander- und Barockband**

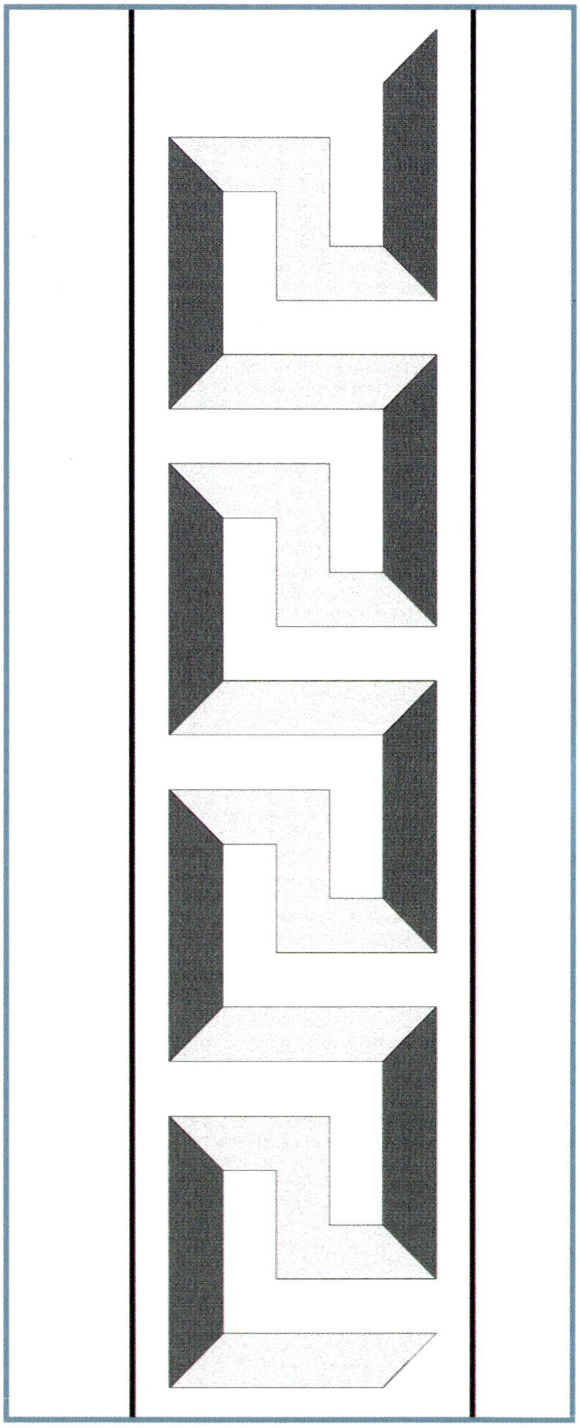

## Mäanderband: Schablone mit zwei Schlägen

**Es werden zwei Schablonen ausgeschnitten. Sie legen die Schablonenfolie auf das Muster und schneiden zunächst die hellen Felder aus.**

**Die dunkelgrau markierten Flächen sind auf der zweiten Folie auszuschneiden. Von der horizontalen Schnittlinie des Bandes sollte ein Rand von etwa 4 cm überstehen. Die Gehrungspunkte müssen besonders sauber ausgeschnitten werden.**

**Dort, wo das Mäanderband ansetzen soll, ziehen Sie an der Wand eine horizontale Hilfslinie. Legen Sie nun die erste Schablone an und stupfen Sie mit der angerührten Acrylfarbe den ersten Teil des Rapports. Dann legen Sie die erste Schablone so an das aufgestupfte Muster an, dass sich die ersten Motive decken. Stupfen den nächsten Abschnitt der ersten Schablone – wiederholen Sie dies bis zum Wandende.**

**Nun kommt erst die zweite Schablone zum Einsatz, mit der die vertikalen Felder gestupft werden. Beim Anlegen müssen Sie auf das Fluchten der Ecken achten. Dann stupfen Sie die Flächen in gleicher Weise.**

**Wird das Mäanderband zwischen zwei gleich breite Streifen gesetzt, betont dies die geometrische Komponente.**

**Als weitere Variante sieht Stupfen in gebrochener Technik sehr gut aus. Hierbei werden die Ornamente nicht flächendeckend gestupft, sondern einige Stellen frei gelassen. So erhält die Bordüre eine antike Wirkung.**

## Griechische Säule verwittert

Die Schablone, die auf Seite 68 abgebildet ist, vergrößern Sie auf die gewünschte Größe, kleben die Plastikfolie darüber und schneiden Sie die drei Teile auf einer Gummiunterlage aus: Kapitell, Schaft und Fuß.

Halten Sie die Kopien an die Wand, um die beste Position der Säule zu finden. Mit einem Kreidestift ziehen Sie dann bis zum Boden eine Mittellinie. Dazu sollte eine Wasserwaage oder ein Senklot zur Hilfe genommen werden.

Kleben Sie die Schablone des Kapitells auf und stupfen Sie mit dem Stupfpinsel über die Schablone.

◀ Schablone in drei Teilen

**Den Säulenschaft wiederum an der mittleren Linie ausrichten, ankleben und durchstupfen. Dieses Mal und bei jedem weiteren Anlegen den oberen und unteren Rand nicht bearbeiten. Zum Schluss den Fuß stupfen.**

**Den Schaft auf die Mittellinie einrichten, aufkleben und stupfen. Beim ersten Mal den oberen Rand mitstupfen.**

**Ist eine antike Wirkung gewünscht, müssen hin und wieder freie Stellen gelassen werden. Zu den Säulen passt sehr schön ein Mäanderband (siehe Seite 65), das entsprechend antik gestupft wird.**

**Werkzeuge:**
- Wasserwaage
- Stupfpinsel
- Schablonenfolie
- Kreidestift

**Farben:**
Künstleracrylfarbe lichter Ocker, Siena natur mit wenig Weiß mischen.

**Als Variation sieht man hier eine korinthische Säule.**

Unsere Augen täuschen uns ständig. Genau das wollen auch die Maler der Illusionsmalerei (Trompe l'œil – was nichts anderes bedeutet als Augentäuschung) erreichen. Gegenstände, Tiere, Menschen, Landschaften, Architekturen werden so realistisch gemalt, dass auf den ersten Blick etwa eine Tür vorhanden scheint, wo gar keine ist. Erst beim zweiten Hinschauen erkennt man die Täuschung. Sowohl Römer, Griechen als auch Ägypter waren von diesem Realismus sehr angetan.
Räume lassen sich durch Illusionsmalerei optisch vergrößern, z. B. bei gemalten Scheinarchitekturen, wie etwa Balustraden mit Fernblick auf liebliche italienische Landschaften. Nischen, Stuckarbeiten, Ornamente schaffen eine besondere Ästhetik. Damit gemalte Gegenstände oder Tiere realistisch wirken, gilt als erstes Gebot der Illusionsmalerei: Die Objekte müssen so groß dargestellt werden, wie sie in der Natur vorkommen.

**Im Wäschehaus C. F. Braun, Stuttgart, täuscht ein gemalter Bauernschrank, an dessen Türe ein gemaltes Spitzentuch hängt.**

**Vom Esszimmertisch fällt der Blick über einen Innenhof mit Brunnen auf eine toskanische Landschaft.**

## Scheinarchitektur mit Schwammtupfen

Wer Stuck an Wänden oder an Decken liebt und die teueren Aufklebearbeiten scheut, kann sich den Stuck malen. Wir zeigen, wie man einer flachen Wand eine interessante plastische Aufteilung geben kann. Um ganz scharfe Pinselstriche zu erhalten, sollte die Oberfläche sehr glatt sein.

**Durch helle und dunkle Linien, die Licht und Schatten repräsentieren, lassen sich plastische Effekte erreichen, wie diese gemalten Kassetten zeigen. Überlegen Sie, aus welcher Richtung in Ihrem Zimmer das Licht einfällt. Dort, wo das Licht auf hervorstehende Ornamente auftrifft, wird eine weiße Linie gezogen. Im Schatten liegende Teile werden durch entsprechend dunkle Linien repräsentiert.**

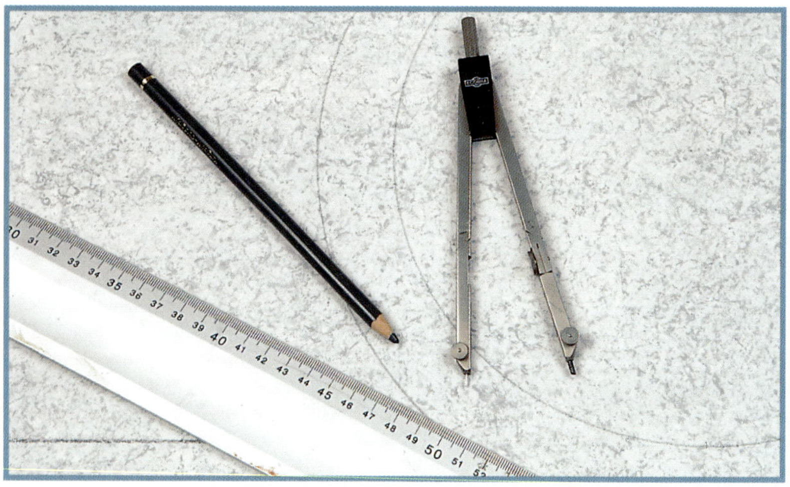

**Wir arbeiten hier mit Acrylfarben. Es müssen drei verschiedene Grautöne angerührt werden. Wie auf Seite 32/33 beschrieben tupfen Sie eine Farblasur auf, die aus den drei Grautönen besteht. Danach müssen Sie Ihre Wand ausmessen und obiges Motiv mit einem Kreidestift leicht aufzeichnen. Gehen Sie dabei immer von der Mitte aus. Den Kreis setzen Sie mittels eines Fadens oder eines Zirkels an.**

**Da, wo sich Schatten und Licht begegnen muss ein sanft ineinander laufender Farbwechsel stattfinden.**

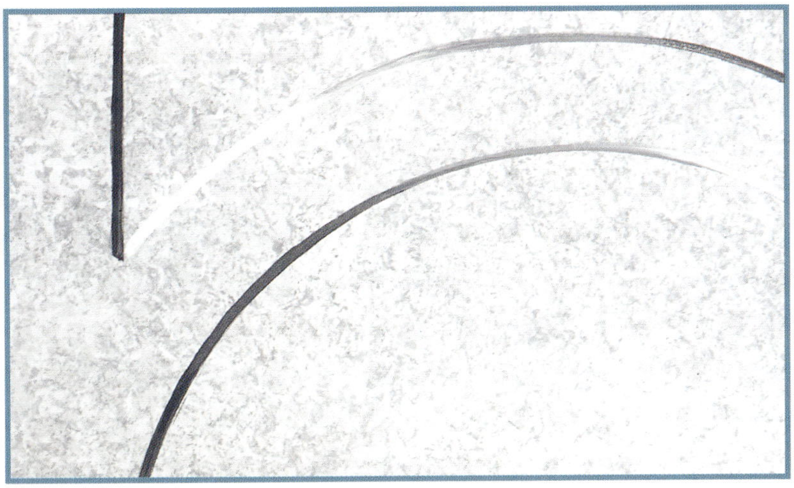

**Bei geraden Linien kann man sich ein gekipptes Lineal als Führungsschiene zur Hilfe nehmen und mit dem Feinhaarpinsel an der Kante entlangziehen. Die Linien möglichst gleichmäßig breit auftragen.**

**Werkzeuge:**
- Feinhaarpinsel
- Naturschwämme
- Lineal
- Zirkel oder Faden
- Kreidestift

**Farben:**
- Schwarz
- Weiß
- Verzögerer

## Antiker Stein mit Efeuranke

Sie benötigen drei bis vier Farbvarianten. Hierzu tönen Sie Weiß mit den Acrylfarben Siena natur, Umbra natur, Ocker und ein wenig Schwarz ab. Nach der Anleitung auf denSeiten 32/33 werden dann die Farben mit dem Schwamm unregelmäßig aufgetupft. Es spielt keine Rolle, mit welcher Farbe Sie beginnen. Es werden bewusst dunklere Stellen eingetupft, die wie abgeblätterter Mörtel wirken, sowie Risse und Sprünge eingezogen.

Am besten, Sie nehmen einen echten Zweig und versuchen die Pflanzenstruktur so realistisch wie möglich nachzuzeichnen.

**Werkzeuge:**
- Naturschwämme
- Feinhaarpinsel
- Farbschalen

**Farben:**
- Siena natur
- Schwarz
- Umbra natur
- Grüne Erde
- Weiß
- Ocker
- Dunkelgrün

Gemalte und echte Efeuranken zieren das Klavier.

Mit verschiedenen dunklen Grüntönen grundieren Sie die Blätter.

Mischen Sie etwas Grüne Erde mit Weiß. Mit einem dünnen Pinsel legen Sie auf jedes Blatt ganz feine Verästelungen.

Mit einem Hellgrau lassen sich noch Schatten unterlegen.

Unscheinbar und langweilig wirkt das Klavier im Holzmusterlook.

Durch seine außergewöhnliche Dekoration ist das Klavier zur Augenweide geworden.

Ausgerüstet mit Zeichenblock und Bleistift setzen Sie sich vor den Knoblauchzopf und malen ein Stilleben mit Höhen, Tiefen und Schatten. Danach legen Sie ein Transparentpapier auf den Block und ziehen nur die Umrisse nach.

## Gemalter Knoblauch

Gemalte Früchte und Gemüse in der Küche haben so ihre Vorteile: Sie verwelken und verstauben nicht. Gleichzeitig wirken Sie aber so echt, dass oft erst beim zweiten Hinsehen die Täuschung erkannt wird.
Bauen Sie sich zunächst das Naturprodukt zum Abmalen auf.

Kleben Sie nun ein Kreidepapier an die Wand, wo der Knoblauchbund hängen soll. Dann legen Sie das Transparentpapier darüber und ziehen die Umrisse nochmals nach. Zurück bleiben weiße Linien.

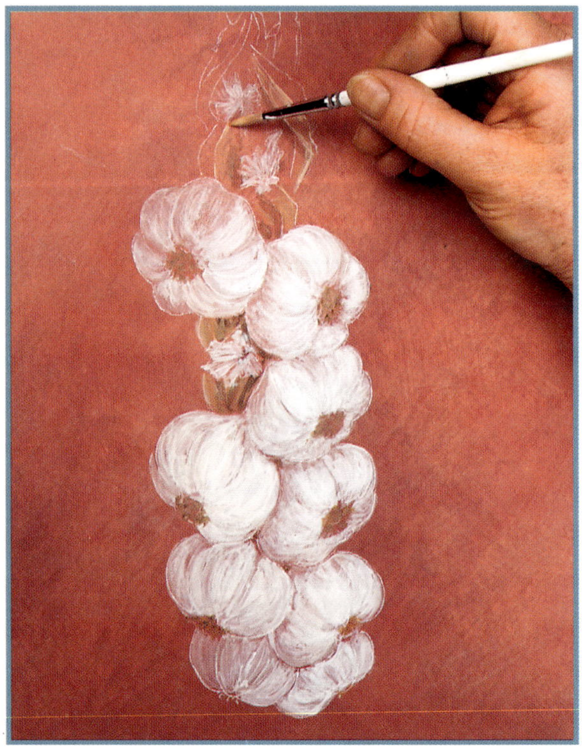

Die einzelnen Knollen werden mit einem Weiß-Ocker-Gemisch hell grundiert. Berücksichtigen Sie dabei helle und dunkle Stellen, schaffen Sie weiche Übergänge und modellieren Sie die Rundungen.

**Mit dunkleren Farbtönen werden noch Akzente an Knollen und Bund gesetzt.**

**Acrylfarben:**
Weiß und wenig Ocker
Weiß und wenig Umbra

**Für den Knoblauchbund:**
Umbra plus Ocker plus Weiß

**Für die Schatten:**
Indigo plus Umbra plus wenig Weiß

**Nun kommen noch Schatten hinzu. Der Lichteinfall muss wie beim Original berücksichtigt werden. Die Farbe wird dünnflüssig angerührt und in mehreren Schichten übereinander aufgetragen.**

**Werkzeuge:**
- Feinhaarpinsel
- Transparentpapier
- Kreidepapier
- Bleistift
- Klebeband

# Gemaltes Mosaik

Die Mosaiktechnik verbindet man eigentlich immer mit Fliesen, Steinen oder Scherben. Sehr schöne Beispiele findet man in Italien (Ravenna). Auf Fußböden oder Wandsockeln wirkt Mosaik besonders gut. Oft ist das aber eine sehr teuere Angelegenheit. Die Alternative: Malen Sie sich ganz einfach das Mosaik. Die ersten Erfahrungen mit einem gemalten Mosaik haben viele bereits in der Kindheit mit dem Kartoffeldruck gesammelt. Nichts anderes ist ein gemaltes Mosaik. Statt der zugeschnittenen Erdäpfel werden hier Schaumgummischwämme benutzt.
Für komplizierte Muster sollte man sich unbedingt eine genaue Zeichnung anfertigen und eine Schablone ausschneiden. Mit ihrer Hilfe wird dann das Muster auf die Wand übertragen und die Mosaiksteinchen entlang der Linien gesetzt.

**Ein hässlicher Betonbalkon verwandelte sich in eine wunderschöne pompejianische Veranda.**

**Ein in mehreren Schichten gelegter Mosaiksockel**

## Wandmosaik

Grundlage für das Wandmosaik bildet hier eine Wandlasur in Acrylfarbe, wie sie auf Seite 32 beschrieben ist. Man benutzt ein Apfelgrün für die Wandlasur und legt später ein graues Mosaik darauf. Wenn die Lasur trocken ist, zieht man mit Kreidestift einen oberen Rand.

**Ein fester Schaumgummischwamm wird mit einem Messer in quadratische Klötzchen zerschnitten.**

**Nun mischt man fast ohne Wasser aus Schwarz und Weiß verschiedene Grautöne.**

**Tauchen Sie das Schaumgummiklötzchen mal in den einen, mal in den anderen Farbton und drücken Sie entlang der Hilfslinie Stempel auf. Hin und wieder lassen Sie eine Stelle frei. So zieht man eine Reihe nach der anderen. An einer beliebigen Stelle lässt man dann einfach die Steinchen willkürlich herunterpurzeln.**

**Werkzeuge:**
- 1 Schaumgummischwamm für Klötzchen
- 1 Naturschwamm für die Wandlasur
- Messer
- 3 Farbschalen

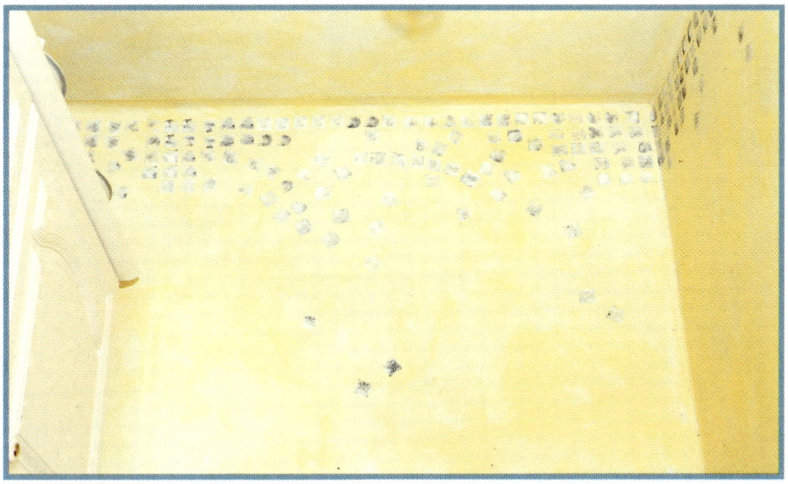

**Farben:**
- Apfelgrün
- Schwarz
- Weiß

## Schachbrettboden

Für Fußböden muss man eine besonders abriebfeste Farbe (Estrichfarbe) verwenden. Dennoch ist in Bereichen, die sehr viel betreten werden (Hausflur), ein gemaltes Mosaik nicht zu empfehlen.
Auch Holzfußböden lassen sich durch Mosaikmuster schön gestalten.

**Werkzeuge:**
- 1 Schaumgummischwamm
- Messer

**Farben:**
Estrichfarbe:
- Weiß
- Schwarz
- Rot

**Ein gemaltes Schachbrettmuster auf einem Balkon wurde zum Blickfang eines vormals kahlen Betonfußbodens.**

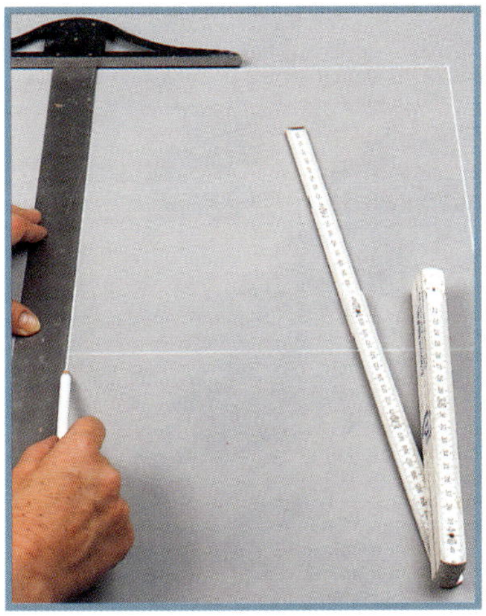

Der Boden muss zunächst von Staub- und Kalkresten befreit werden. Schneiden Sie einen festen Schaumgummischwamm mit einem Messer in Würfel (z. B. 2,5 x 3 cm²). Teilen Sie sich die Bodenfläche entsprechend der Würfelgröße ein. Das Aufzeichnen von Quadraten hilft Ihnen dabei.

Mit welcher Farbe Sie beginnen, bleibt gleich. Tauchen Sie den Schwamm leicht in die Farbe und drücken Sie ihn wie einen Stempel auf den Boden. So legen Sie ein Schachfeld nach dem anderen an.

Für jede Farbe müssen Sie ein anderes Klötzchen benutzen. Rote Akzente zwischen den schwarzweißen Platten gestalten das Muster interessanter.

**Tipp:**
Keine wasserlösliche Estrichfarbe benutzen – sie trocknet zwar schneller, ist jedoch nicht so haltbar.

Man sollte immer zur Türe hin arbeiten, wenn man Mosaiktechniken anwendet. Hier wurden alle weißen Felder am Tag zuvor gemalt.

# Reißlack in Acrylfarbe

Reißlack verleiht Möbelstücken einen antiken Touch. Die Oberfläche bekommt Sprünge, die durch den Einfluss jahrelanger Verwitterungen entstanden sein könnten.
Hier wird ein spezieller Lack, Crackleglaze, verwendet, der schnell trocknet, dabei tatsächlich reißt und den Untergrund hervorschauen lässt.
Es gibt verschiedene Arten von Reißlacken auf Öl- und auf Acrylbasis.
Bei ölbasiertem Reißlack muß man zwei Farbschichten anlegen. Wenn die zweite Schicht aufgelegt wird, darf die erste Schicht nicht mehr ganz feucht, aber auch nicht ganz trocken sein (am besten klebrig). Da dies besonders bei großen Flächen ein kompliziertes Unterfangen ist, bevorzugen wir die Reißlacktechnik auf Acrylbasis.

**Werkzeuge:**
- Flachpinsel
- Farbschalen

**Rezept:**
Grundanstrich:
Acrylfarbe Beige (Weiß, Ocker, Umbra mischen), Reißlack (Crackleglaze)

**Rot:** Karmesinrot, Siena gebrannt und ein wenig Schwarz mischen

**Das Möbelstück wird zuvor in derjenigen Farbe gestrichen, die die Sprünge aufweisen sollen. Nach dem Trocknen tragen Sie mit einem Flachpinsel den Reißlack auf (Crackleglaze). Streichen Sie immer nur in eine Richtung und setzen Sie einen Pinselstrich neben den anderen. Übermalen Sie die Fläche nicht mehrmals und lassen Sie sie mehrere Stunden trocknen!**

**Die trockene Crackleschicht wird dann mit roter Acrylfarbe satt und gleichmäßig überstrichen. Wiederum nur in eine Richtung streichen.**

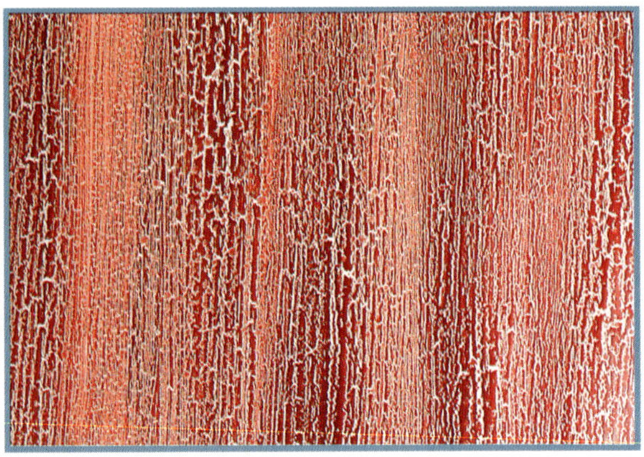

**Schon nach einer halben Stunde ist der Reißlack fertig. Mit dem Föhn kann man noch etwas nachhelfen, wenn nicht alle Stellen reißen wollen.**

**Farbvariation mit dunklem Untergrund und heller Oberfläche. Dunkle Risse scheinen dann aus einer hellen Oberfläche hervor. Bei den Farbkombinationen kann man seiner Fantasie freien Lauf lassen.**

**Tipp:**
Reißlack wirkt sehr gut auf Möbeln, Bilderrahmen, Schatullen oder auch Paneelen.

**Eine Reißlackarbeit in verschiedenen Farbtönen. Durch die Kombination unterschiedlicher Grüntöne erhält die Kommode ein individuelles, extravagantes Design. Sie wird so zum erfrischenden Blickfang jeder Wohnung.**

# Verwittertes Holz

Eine weitere Methode Objekte aus Holz künstlich altern zu lassen wird hier gezeigt. Sie streichen den Untergrund mit Ölfarbe in einem Ockerton. Über Nacht trocknen lassen. Mit einer normalen Wachskerze ziehen Sie dann Linien.

Wollen Sie sehr starke Kontraste erreichen, sollten Sie die Wachslinien zusätzlich mit einem Klebeband abkleben.

Mit einem Schaumgummischwamm und dem angerührten Rot betupfen Sie nun wolkenhaft die Oberfläche. Danach nehmen Sie das Klebeband ab, tupfen ganz leicht über den Streifen und schlichten sanft.

Legen Sie ein Stück Zeitungspapier über die rotgetupfte Fläche und schlichten Sie leicht (Frottage). Nehmen Sie das Papier wieder ab. An manchen Stellen entstehen helle Flecke. Diese müssen Sie nochmals schlichten und trocknen lassen!

Mit feinem Schmirgelpapier werden nun an einzelnen Stellen Alterungsspuren eingezogen, besonders dort, wo sich das Wachs befindet. Das verstärkt die Verwitterungswirkung.

Die in den letzten drei Abbildungen beschriebenen Schritte können beliebig wiederholt werden, bis Ihnen die Fläche alt genug wirkt. Zum Schluss muss das Möbelstück mit Wachs geschützt werden.

**Farbvariation:**
**blaues Regal**

**Werkzeuge:**
- Flachpinsel
- Schaumgummischwamm
- Vertreiber
- Farbschalen
- Kerze
- Klebeband
- Zeitungspapier
- Schmirgelpapier (180)
- Möbelwachs

**Farben:**
- Untergrund: Künstlerölfarbe Ocker.
- 2. Schicht: Gebranntes Siena, Umbra gebrannt.
- Zinnoberrot und Glaze nach Rezept Seite 36 mischen
- Grüne Erde

# A ntik-Relief

Wände, die verwittert wirken, sind derzeit trendy. Durch ein Reliefband können Sie eine moderne Wand in ein mittelalterliches Gewand kleiden.

**Nehmen Sie das Band und beschädigen es absichtlich. Reißen Sie Stücke heraus und Löcher hinein. Dann kleben Sie es mit einem Spezialkleber entlang einer zuvor gezogenen Hilfslinie an die Wand. Ist das Band festgeklebt, stupfen Sie mit dem Rundpinsel auf die beschädigten Stellen Acrylic-Gessomasse auf. Dies wirkt dann wie alter Putz.**

**Wenn die Masse trocken ist, übertupfen Sie die Borte mit einem Naturschwamm im dunkleren Grün. Stupfen Sie besonders in die Vertiefungen. Die ganze Wand wird wolkig lasiert.**
**Dunklere Stellen lassen Unregelmäßigkeiten entstehen, die wie Löcher im Putz wirken.**

**Acrylfarben:**
1. Schicht: Grüne Erde (dunkel), wenig Schwarz und Weiß mischen.
2. Schicht: Grüne Erde (hell), wenig Ocker und wenig Weiß mischen.
Die Pigmente müssen mit Acrylbinder und Wasser vermengt werden.

**Mit einem Flachpinsel und dem hellen Grün streichen Sie nun über das Relief und lassen absichtlich dunklere Stellen übrig – besonders die Erhöhungen hell streichen.**

**Werkzeuge und Materialien:**
- Reliefband (im Tapetengeschäft erhältlich)
- 2 Naturschwämme
- Feinhaarpinsel
- Acrylic-Gessomasse
- Spachtel
- Rundpinsel
- 2 Farbschalen
- Spezialkleber für Tapetenband

**Weitere Farbvariation in Ocker mit starken Hell-Dunkel-Kontrasten.**

**Zum Schluss ziehen Sie mit einem feinen Weichhaarpinsel und der dunkelgrünen Farbe noch einige Sprünge in die Wand.**

# Welcher Untergrund für welche dekorative Technik?

| | Farbarten | | | Untergrund |
|---|---|---|---|---|
| | **Kasein** | **Acryl** | **Öl** | **Glatter Verputz (Gips)** |
| **Vorarbeiten** | Wände: Kaseinfarbe grundieren<br>Holz: Vorstreichfarbe, Schnellschleifgrund | Wände: Dispersionsfarbe Weiß<br>Holz: Vorstreichfarbe, Schnellschleifgrund | Wände: 1. Dispersion 2. Acrylbinder<br>Holz: Vorstreichfarbe, Schnellschleifgrund | Neue Wände müssen 6 Monate trocknen. Grundieren! |
| **Auftragen mit Schwamm (Farbwäsche)** | Naturschwamm perfekt | Naturschwamm perfekt | Schaumgummi-schwamm perfekt | Perfekt |
| **Wischtupfen** | Gut | Gut | Gut | Perfekt |
| **Stupfen** | Nein | Gut | Gut | Perfekt |
| **Lappenrollen** | Gut | Gut | Gut | Perfekt |
| **Zugtechnik** | Nein | Nein | Gut | Perfekt |
| **Kammzug** | Gut | Möglich | Gut | Perfekt |
| **Marmorieren** | Möglich | Möglich | Perfekt | Perfekt |
| **Malachit** | Nein | Möglich | Perfekt | Perfekt |
| **Schildpatt** | Nein | Nein | Gut | Perfekt |
| **Moiré** | Gut | Möglich | Gut | Perfekt |
| **Schablonenmalerei** | Möglich | Gut | Gut | Perfekt |
| **Mosaik** | Nein | Gut | Gut | Perfekt |
| **Relief** | Gut | Gut | Möglich | Perfekt |
| **Reißlack** | Nein | Gut | Möglich | Nicht möglich |

| Rauputz, bucklige Wände | Raufaser und plastische Tapeten | Gestrichene Holzteile und Möbelstücke | Betonboden | Fußbodendielen alt/neu | Metall |
|---|---|---|---|---|---|
| Risse spachteln und verschmirgeln. Wassertest machen! | Wände weiß streichen | Spachteln, schmirgeln, grundieren mit Vorstreich-farbe | Nur glatter Beton mit Grundierung | Alt: Spachteln, schmirgeln und grundieren! | Schmirgeln, grundieren |
| Möglich | Möglich | Gut | Möglich | Möglich | Gut |
| Gut | Möglich | Gut | Gut | Nein | Gut |
| Nein | Nein | Nur bei perfekter Oberfläche | Möglich | nein | Gut |
| Gut | Nein | Nur bei perfekter Oberfläche | Möglich | Nein | Gut |
| Nein | Nein | Möglich | Möglich | Nein | Gut |
| Nein | Nein | Möglich | Möglich | Nicht zu empfehlen | Gut |
| Möglich | Nein | Gut | Gut | Möglich | Gut |
| Nein | Nein | Gut | Gut | Gut als Einlage/ sonst nein | Gut |
| Nein | Nein | Gut | Gut | Gut | Gut |
| Nein | Nein | Gut | Möglich | Nein | Gut |
| Gut | Möglich | Gut | Möglich | Gut | Gut |
| Nein | Nein | Gut | Gut | Gut | Gut |
| Gut | Möglich | Gut | Nein | Nein | Möglich |
| Nein | Nein | Gut | Nein | Möglich | Gut |

Wer Spaß am Malen hat und seine Kenntnisse und Fertigkeiten vertiefen möchte, kann eine Vielzahl dekorativer Maltechniken spielend einfach erlernen.
Ursula E. Benad bietet hierzu eine Reihe von Kursen und Seminaren an, die Sie inspirieren sollen und vielleicht auch die ersten Unsicherheiten überwinden helfen. Das breite Seminarangebot umfasst sowohl Grundkurse (Marmorieren, Lasurtechnik, Schwammtupfen oder Biofarben selbst anrühren) als auch Aufbau- und Profikurse. Bei den Kursen für Fortgeschrittene werden dann Techniken wie die Schablonenmalerei, das Herstellen von Reißlack und das Malen von schwarzem Marmor vermittelt. Auch das Malen von Schildpattmustern, Sandsteinwänden, plastischen Säulen, Nischen und vieles mehr gehört zum Kursangebot der Autorin.
Es werden Wochenend- und Ferienseminare mitten in der reizvollen Münchner Innenstadt und in der malerischen Toskana angeboten.
Das Programm können Sie bei der Autorin direkt anfordern:

Ursula E. Benad
Bordeauxplatz
Wörthstraße 25
81667 München

Telefon 089/48951312
Fax 089/48951314
Funk 0171/8718881

## Lexikon

**Acrylbinder** Binder auf Kunstharzbasis zum Selbstansetzen von Farben sowie zur Grundierung

**Balsamterpentin** Natürliches Lösungsmittel aus pflanzliche Harzen

**Borax** Alkalisalz, ungiftig

**Estrichfarbe** Spezielle abtrittfeste Farbe für den Fußboden

**Farbwäsche** Mit dem Schwamm aufgetragene Wandlasur

**Frottage** Verfahren, bei dem Papier auf einen frisch gestrichenen Untergrund gedrückt wird, um dessen Struktur sichtbar zu machen

**Gesso** Spachtelmasse, die entweder aus Knochenleim oder Acrylkunstharzen hergestellt wird. Verwendet für Reliefs oder um Wände zu glätten

**Glaze** Spezielles Malmittel um Ölfarben transparent und geschmeidiger zu machen. Man bekommt es fertig zu kaufen. Aus Leinöl, Schlämmkreide und Terpentin lässt es sich auch selbst herstellen, erreicht aber nicht die gleiche Transparenz

**Kaseinleim** Quark, aufgeschlossen mit Alkalien (Borax), erzeugt ein kräftiges Bindemittel

**Komplementärfarben** Farben, die sich im Farbkreis diametral gegenüberliegen und besonders gut harmonieren

**Lasur** Eine halb transparente Farbschicht aus Öl-, Acryl- oder Kaseinfarbe oder anderen Farben

**Leinöl** Hochwertiges Farbbindemittel

**Moiré** Holzähnliches Muster

**Patina** Verwitterungsspuren auf Oberflächen

**Paneel** Vertieft oder erhöht liegende Fläche einer Holztäfelung

**Pigment** Farbstoff in Pulverform

**Primärfarben** Blau, Rot, Gelb, aus denen sich alle anderen Farben herstellen lassen

**Rapport** Sich wiederholendes Muster oder Motiv

**Schellack** Schnell trocknendes Farbbindemittel für Spirituslacke und Schellackpolituren

**Schlichten** Mit einem speziellen Pinsel, dem Vertreiber, leicht über eine Öllasur streichen. Kontraste und Muster werden sanft und diffus

**Scumble Glaze** Macht Acrylfarbe transparenter, sie nimmt eine dickere Konsistenz an und lässt sich dadurch besser verarbeiten

**Reißlack** Spezieller Lack, der beim Trocknen reißt

**Sekundärfarben** Mischungen von Primärfarben ergeben Sekundärfarben. Gelb plus Blau = Grün

**Sockel** Unterer Teil eines Wandbereichs

**Tertiärfarben** Durch Mischen von Sekundärfarben ergeben sich Tertiärfarben, z. B. Violett plus Orange = Rostbraun

**Trockner (Sikkativ)** Beschleunigt das Trocknen der Ölfarben

**Trompe l'œil** Illusionsmalerei, Augentäuschung. Realistische Malerei von Gegenständen, Menschen, Tieren, die wirken, als ob sie vorhanden wären

**Vertreiben** (siehe Schlichten)

**Verzögerer** Verzögert das Trocknen von Acrylfarben

**Künstlerfarben**

Erhältlich in allen Künstlerbedarf-
geschäften

Kremer Pigmente
Katalog anfordern unter:
Kremer Pigmente
Farbmühle
D-88317 Aichstetten/Allgäu
Tel. 07565/1011
oder 91120 oder 91140
Fax: 07565/1606
Zweigstellen in verschiedenen
Großstädten

Boesner
Girlitzweg 30
50829 Köln
Tel. 0221/949777-0
Fax: 0221/949777-44
Filialen in ganz Deutschland

Schachinger
Farben, Künstlerbedarf
Josephspitalstr. 6
80331 München
Tel. 089/263675

Farben Klotz
Künstlerbedarf
Nymphenburgerstr. 184
80634 München
Tel. 089/163031

Aglaia Naturfarben
Farbwerke Beek GmbH
Postfach 810224
70519 Stuttgart
Tel. 0711/7261003

Kreidezeit Naturfarben GmbH
Hindenburgstr. 15
31195 Lamspringe
Tel. 05183/5652
Fax: 05183/5653

**Künstlerbedarfgeschäfte**

Resko, Ekkehard Koch
Brunnenstr. 44
10115 Berlin
Tel. 030/4484143

Tube
Graumannsweg 75
22087 Hamburg
Tel. 040/225774

Tube
Königsworther Str. 3
30167 Hannover
Tel. 0511/18112

Künstlerbedarf
Frankfurter Str. 54
34121 Kassel
Tel. 0561/284066

Pigment Laden
Dürerstr. 24
60596 Frankfurt/M.
Tel. 069/628682

Tube
Mühlengasse 3
40213 Düsseldorf
Tel. 0211/320027

Tutti Paletti
Karthäuserhof 7
50678 Köln
Tel. 0221/328545

Pigment Laden
Lessingstr. 28
66121 Saarbrücken
Tel. 0681/65052

Kremer Pigmente
Leuschnerstr. 35
70171 Stuttgart
Tel. 0711/625856

Kremer Pigmente
Barer Str. 46
80799 München
Tel. 089/285488

Maler Ecke
Goethestr. 15
76135 Karlsruhe
Tel. 0721/0841461

Atelier Ursula E. Benad
Pariser Str. 22
81667 München